崇麗書坊
CHONGLI SHUFANG

蜀都名儒

五老七贤演绎成都

王跃 [著]

西南交通大学出版社
·成都·

图书在版编目（CIP）数据

蜀都名儒：五老七贤演绎成都 / 王跃著. —成都：
西南交通大学出版社，2019.1
（崇丽书坊）
ISBN 978-7-5643-6521-9

Ⅰ.①蜀… Ⅱ.①王… Ⅲ.①名人－生平事迹－成都
－近现代 Ⅳ.①K820.871.1

中国版本图书馆 CIP 数据核字（2018）第 247456 号

崇丽书坊
蜀都名儒
——五老七贤演绎成都
SHUDU MINGRU
——WULAO QIXIAN YANYI CHENGDU

王跃　著

出 版 人	阳　晓
责 任 编 辑	张慧敏
助 理 编 辑	赵永铭
封 面 设 计	曹天擎
	西南交通大学出版社
出 版 发 行	（四川省成都市二环路北一段 111 号
	西南交通大学创新大厦 21 楼）
发行部电话	028-87600564　028-87600533
邮 政 编 码	610031
网　　　址	http://www.xnjdcbs.com
印　　　刷	四川煤田地质制图印刷厂
成 品 尺 寸	165 mm×230 mm
印　　　张	12.5
字　　　数	166 千
版　　　次	2019 年 1 月第 1 版
印　　　次	2019 年 1 月第 1 次
书　　　号	ISBN 978-7-5643-6521-9
定　　　价	36.00 元

序：一群奔走呼号的老人

　　世界上所有的名城都是因为某些人和某些事而彰显扬名的，一座城市因为这些精英的活动而变得生动和浪漫。因为姚明，美国人记住了上海；因为鲁迅，人们前往绍兴；因为海明威，人们知道了西班牙斗牛；乃至于提到巴尔扎克，人们便想到巴黎……文化名流们用他们的创作、他们的思想和生活方式影响着一个地域、一座城市。名人的名气越大，他所代表的那座城市便与人们的关系越密切，对这个世界的感染力也就越强。甚至许多城市干脆就用了某一位大师、巨匠或泰斗的名字来命名。

　　成都是一座从来就不缺少名人的城市。自汉唐以来，文人就有入蜀的传统。但是如果光是外面的文人进入盆地，而没有本土的文人与之唱和，影响总是有限。只有互动起来，酒过文从，佐以轶闻，城市的名气才被载入史册，并传扬出去。唐代曾流传过一句俗语："扬一益二。"这是当时人们对全国除长安、洛阳之外，两个最大、最繁华的经济都会扬州和成都地位的评价。扬州和成都之所以能成为两个重要的经济中心，这是因为隋统一中国后开凿了大运河，扬州一跃而成为南北交通的枢纽；而成都有了都江堰的灌溉之便，又依托这肥沃的川西盆地，一时富甲天下，成为另一处富饶之乡。这两座城市靠一条水道长江连接，一个地处长江头，一个地处长江尾，是文人最为向往的两处繁华所在。李白写道：

故人西辞黄鹤楼，烟花三月下扬州。

孤帆远影碧空尽，唯见长江天际流。

陆游也有诗写成都：

当年走马锦城西，曾为梅花醉似泥。

二十里中香不断，青羊宫到浣花溪。

诗人不朽诗篇正是扬州和成都的闻名的写照。扬州曾有二十四桥明月夜，成都亦有十二桥平分秋色。

今天，扬州的地位早已被上海取代，但成都却一直雄踞中国西部之首，这其中除了经济的因素、地理环境的因素和政治的因素之外，最重要的是文化的因素。成都被公认为历史文化名城是因其有两条文化线路：一条是中国文化传统，这是由司马相如、诸葛亮、杜甫、薛涛、花蕊夫人等，乃至近代成都著名的"五老七贤"等文化名人所沿革和演绎的文化源流；另一条则是西方文明进入中国西部之后，在所谓"欧风美雨""西学东渐"的浸润下，英国人陶维新、启尔德和美国人毕启等人带来的西方文化传统，尤其是加拿大人林则，他最早将西方的口腔医学引入崇山峻岭之中的成都，在华西坝建立了中国口腔医学的摇篮。许多外来人不明白落后的中国西部为什么会矗立着成都这样一座古老而又现代的大都市，不仅是因为成都建城 2300 年以来一直水旱从人，沃野千里，物产丰富；不仅是因为成都自古就是南方丝绸之路的起点，是茶马古道的起点，是一处商埠集散之地；更因为成都是文人荟萃之所，是一座文化名人汇聚之都。

蜀地的五老七贤在前后二三十年的岁月里，展现出了一番有所作为的别样风景。民国初年，陈宦任四川督军时每月采用"知单"形式邀约十来位名流咨询。尹昌龄于 1940 年年初在成都市第一届敬老大会上谈到"五老七贤"的由来时说："入川滇军总参谋长罗佩金和入川黔军总司令戴戡之战结束成立善后会，刘存厚以'十二长老'充任，并报出了名单。"实际上，辛亥革命以后，从尹昌衡、胡景伊开始，历任督军、省长都会聘请一些公署顾问。1918年，熊克武时期，除一般顾问之外，还有高级顾问十余人。其实五老七贤并不是官方正式的任命或聘请，而是民间对这些有崇高社会声望的绅士自然而然形成的尊称。

五老七贤

五老七贤多为通儒博学之士，"蜀地文风盛汉唐"，儒学是中国传统文化的核心和主流。五老七贤所处的时代正是历史急剧变革时期，新旧文化的冲突非常激烈。这些人身上体现出传统文化的精华与糟粕，有些人具有维新变法的新思想，有些人又是顽固的封建文化卫道士。就是这些前清遗老，有功名、有声望，为官有政声，又都有学问，或为一代名儒，或是诗家书家名家。总之，他们是一些知识分子中的精英，成都人把他们看成自己城市的骄傲。老百姓要仰仗他们的名气，当局要借用他们的声望，连军阀也不敢对他们不敬重。他们群起而反对战争，军阀也有所顾忌。

在1916年袁世凯复辟帝制之时，蔡锷率领护国军从云南攻入四川。川督陈宧身受袁氏知遇之恩，但时势所趋，他也知道复辟难以长久，因此和护国军打打停停，始终拿不定主意，只好请教老师骆成骧。骆晓之以理，动之以情，将陈宧规劝到反对袁世凯称帝的队伍之中，并为他代拟了三道催命的电报，通电了四川独立。最终袁世凯的皇帝梦破碎，并一命呜呼。

1917年，罗佩金与戴戡先后与川军刘存厚部在成都发生巷战，街道陷入一片火海，毁坏房屋数千间，死伤民众数千。这激起了川民的愤怒。紧急关头，五老七贤中的宋育仁、陈钟信、徐炯等名流挺身而出，联名致电中央政府，呼吁"滇军归滇，川军保川"，又发出《绅耆告军民各界书》，通告全川父老乡亲，指出滇黔军吞并四川的野心。五老七贤站在川军一边，但他们并没有倒向某一个掌权者，他们是在为这片土地上的人民说话。老百姓的利益就是他们选择立场的出发点。在多次的战事发生时，都能听到或看见宋育仁、骆成骧等人的声音或身影。他们致电刘湘、但懋辛以及各部将领，提出一个很有创意的建议，请求交战方"划出战线，自决胜负，不得借此攻城略地，殃及人民"。

在那个年代，成都几乎是三天一小打，五天一大打，在军阀连年的内战之中，你唱罢来我登场，督军省长走马灯似地换。但因为有一群老人奔走呼号，成都还算平静，再没有出现1917年巷战打死打伤无数平民百姓的惨状。1922年川军一、二军联合排挤督军刘存厚，兵临成都城下，刘存厚陷入了孤立，本已打算抛弃成都出走，但他不愿丢了面子，于是故作镇静，关闭了城门固守北较场，准备打一场巷战。五老七贤担心成都再陷兵火，纷纷行动起来。他们齐聚北较场督军府，要求刘存厚以全城百姓身家性命为重，不要进行巷战。五老七贤之中或与川军将领有师生之情，或曾为某方势力的座上客，这么多老人的面子加在一起，经过三天的奔走，刘存厚又考虑到联军势力比自己强，三路大军兵临城下，城内的胜算渺茫，于是便借坡下驴，"俯顺民意"，体面地带着他的大印离开成都。有了这个范例，此后的多次大战攻守双方也都沿袭这种模式，心照不宣之间成都就易了主，五老七贤的脸面也大放光彩，成都也少了几许劫难，老百姓更是躲过了无数的伤亡。

五老七贤处于中国最多难，也最多变的年代，他们曾经是那么辉煌，那么昂扬，后来时过境迁，他们抽身而退，内心已不思仕进，无欲无求，剩下的就只是造福桑梓的热情。所以老百姓仰之如泰斗，倚之为屏障。尹昌龄1923年把一系列支离破碎的慈善机构合并，归入慈善堂，亲自管理主持。从下面这件事情就可看出他的竭尽心力而为之心。

抗战时敌机乱炸成都，八千多鳏寡孤独残废疾病者需要安置，待他们都各得其所后还有一大群盲人最难安顿，他们坚决不肯疏散。这些盲人大多有手艺，在城里还可以挣钱，一旦疏散到了乡下，饭虽然还能吃饱，却失去了市场，挣不了钱。面对这些人，尹昌龄也不能强迫。适逢一夜大风将旗杆折断，尹先生说："这是大祸降临的凶兆，你们不走我只好陪你们同归于尽。"数百盲人大哭，先生突然想出办法来。他将各乡场离城不远的佃农400户招来，对这些佃农说："你们种慈惠堂的田，应以慈善之心来报答。敌机轰炸，救死扶伤，人人有责。今天请你们来，为的是疏散盲人。希望你们一家领一个回去照料，为我分劳。我并不忍过分劳累你们，只要求我的这些盲人初到你家时，床铺厕所，使盲人摸惯走熟，三餐同你们一样吃饱，待秋收纳租时结算，断不会亏负你们。格外有桩最重要的任务，盲人工作所需的材料由城里随时给他们送来，只是每逢场镇赶集的日子，早饭后，你们照料他们把售货的担子挑好，牵着他们走过田坎，到了场口找个好的口岸让他们坐好，再带他们把市场走惯。他们熟悉了地方，在街上干活，你们的人就可以回家。下午市场散了你们再把他们牵回去。不要让他们落在田坎和茅厕，保证他们的安全。秋后你们纳租时减让多少凭盲人说句话，你们对他们好，他们自然也会感恩报答，也就算数。你们做得到不？"佃农们听见尹先生对盲人关怀备至，无不感动，都表示做得到。于是尹昌龄向众佃农叩头，下一全礼，众佃农已感动得热泪盈眶。在慈惠堂犒赏他们之后，便各引盲人回家，把盲人当作自己老人一样看待。疏散数年，盲人没有一个横死者。

尹昌龄逝世后，几百个盲人举着孝幛、孝联，请求充作仪仗队缀队前行。治丧人员因路不平，考虑颠顿，不同意盲人送葬。盲人们大声嚷叫说："先生对我们这么好，他百年归天，这点心都不要我们尽啊！"一齐大哭，群情感动，真是撼天动地，治丧人员不能不同意他们。为了安全考虑，一个盲人配一个人搀扶。路人不知，还以为这是什么新的典礼。

这就是发生在成都近代史上的一幕，一群被叫作"五个老不死，七个讨人嫌"的老人，每每出来同当权者唱对台戏，那些省长或督军们拿他们也没有办法，打不得又不能杀，还得用大轿子把他们抬进抬出，常常坐在当权者的宴席上指手画脚。成都的城市名片就是如此这般被这些名人递向世界的。

二十世纪三四十年代的抗战时期，因许多战区大学内迁，使成都再次成为中国的文化中心。成都的华西坝名人云集，国内外许多文化名流在坝上活动，并与五老七贤们交往唱和。当时，重庆的沙坪坝、昆明的下坝、宜宾的李庄和成都的华西坝都是战区名校和学术机构内迁之地，尤以华西坝和下坝名噪一时。那时是华西坝的鼎盛时期，五老七贤中许多人同海内外的著名学者一起在华西坝执教。华西坝是中国知识分子的集散地，它声名远播，海内外无数名流学者无不心向往之。除了本地的五老七贤之外，当时在华西坝的中外名人可以开一个长长的名单，他们是：顾颉刚、冯友兰、吕叔湘、钱穆、许寿裳、闻宥、徐中舒、蒙文通、朱自清、马悦然、李约瑟、文幼章、海明威、陈寅恪、吴宓……这个名单还可以继续开下去。与他们对应的是成都本土的文化名流，他们是骆成骧、赵熙、尹昌龄、颜楷、曾鉴、曾培、文龙、徐炯、吴虞、廖平、林山腴、谢无量、向楚……这个名单同样可以继续开下去。

成都被公认为历史文化名城正是因为一代又一代的名人来访和驻足所形成的巨大文化坛场和磁场。

1924 年，军阀杨森据成都，北洋政府任命他督理四川军务善后事宜。这位杀进成都当了督理的二十军军长下令实行"新政"，要整修东大街。派兵强行拆除沿街店铺，扩建马路，民房要市民自拆自建，不予补偿，以致民众流离失所，怨声载道。以徐炯为首的五老七贤联袂至督署见杨森，代表民意，请缓修筑。杨森根本不买五老七贤的账，沉下脸说："我拆一点房檐屋角，你们就大惊小怪，说老百姓们不愿意。如果我当初进入成都时，把四个城门关上，放一把火烧他妈个精光，再让士兵乱来一通，倒还省了不少麻烦。请你们不要干涉我的新政，回家自享清福抱孙子去吧。"五老七贤老脸丢尽，败走麦城，只好垂头丧气回家。

杨森当场还算顾及五老七贤的脸面不好发作，事后恼羞成怒，蛮横扬言："我才不信你五老七贤的脑壳是铜打铁铸的，我就要试试看砍得落砍不落？"

刘师亮毫不惧怕，在小报上刊登了一副对联，上联是：民房早拆尽，问将军何时才滚？实是双关，既指压路机滚压马路，又骂杨森何时滚出成都。下联是：马路已捶平，看督理哪天开车。开车是指通汽车，也有开溜之意。人们都以为这下捅了马蜂窝，不是抓刘师亮，就是封报馆。谁知杨森得知这副对联后问秘书：刘师亮何许人也？秘书说："这是成都有名的喜欢乱骂人的无聊文人。"杨森并不只是一介武夫，也颇有心计，说："我看他也有些才气，倒想见见这位读书人，向他领教领教。对读书人要恭敬些，不要随便叫，拿我的名帖去请他来。"

刘师亮早就注意到大街上挂的杨森语录牌子，杨森说禁止妇女缠足；应该勤剪指甲，留指甲既不卫生，又是懒惰；打牌壮人会打死，打球打猎弱人会打壮；穿短衣服节省布匹，又有尚武精神；夏天在茶馆酒肆大街上和公共场所打赤膊是不文明的行为。

刘师亮穿着一身长袍就去见杨森，见面说是来向督理讨打的，众人都为之一愣，不知这刘师亮又在玩什么花样。刘师亮说："督理提倡穿短衣服，我却穿着长袍来见督理，这不是我居心冒渎虎威，该挨打吗？打赤膊的罚打手心，我是该打屁股了！"刘师亮的言语引得哄堂大笑，杨森说："穿短衣服是为了节省布匹，有了现成的长袍放起来不穿再去做短衣服，这不是节省，而是暴殄天物。有人叫我是蛮干将军，这是以讹传讹的道听途说。遇事蛮干、不讲道理是行不通的。"刘师亮这才提起对联一事，说："师亮草芥庶民，拙联只不过表示我渴望马路早日滚平，从速开车以孚民望而已。"杨森呵呵一笑，说："先生把我当成武夫，还听不懂语义双关骂人之妙吗？"

杨森此时表现得很和气，他这人非常聪明，虽不买五老七贤的账，但对于刘师亮这种文人他知道要用怀柔政策才可以达到收买人心的目的。果然，刘师亮说："师亮昔日只仰将军龙虎雄姿，今面聆领教得亲凤麟化采，真乃儒将大风。师亮舞笔弄墨，实属班门弄斧，惭愧！惭愧！"杨森被刘师亮恭维得飘飘欲仙，很爽快地采纳了刘师亮建设新四川实行新政也要伐谋为上、取得民心的建议。还当面表示要各机关法团、他的部下多订《师亮周刊》，开放眼界，增加知识。

另一位五老七贤的代表人物徐炯创立大成初级中学，自任校长，尊经崇礼，教育方针与时代相悖。当年的情景极为可笑，学校内祀孔子大成殿，学生每天早晨起床入殿上香，每月朔望跪拜。每年孔子生日停课三日，庆祝"孔诞"，行礼如仪，八佾舞于庭，韶乐齐奏。在此时社会名流云集，拜孔子之外兼拜徐先生。徐先生长袍马褂，端坐受礼，俨然当世孔子。每晨第一堂课由值日学生高声朗读"圣训"中《论语》"视思明，听思聪"一段；吃饭时读一段"咬得菜根，百事可做"；连如厕亦有训……

到了21世纪的今天，成都已是一座人口1600余万的城市。在中国，这种人口量级的城市并不多，在世界范围内也没有超过30座。

我认为在这些大城市中的成都永远都不会衰落，这是基于以下原因：有沃野千里的川西平原的依托，枕着岷江这条高原大河，有都江堰的灌溉之便，有成渝经济区的中心地位和辐射整个西南地区的经济能力，更为重要的是成都从来就是一个文化聚落，是中国文人的文化情结，在这里生活着中国最重要的知识分子群体之一，成都那种悠然浪漫泡在盖碗茶中的慢生活早已为世人所向往。

从1900年到今天的100多年间，成都在许多中外大事件中扮演着重要角色，无数的文化名流和社会精英在纷纭的历史舞台上表演。本书讲述了一群叫"五老七贤"的成都人的故事，这些故事或波澜壮阔，或细雨浅唱，或幽默风趣，或令人回味。20世纪初的二三十年间，正是因为有五老七贤这些风云人物的精彩表演，才再次把成都这座城市的历史推向辉煌。

成都是一座移民城市，张献忠剿四川，成都已成一座空城。在成都连续居住了五代以上的城民已经非常之少，今天的成都人大多是湖广填四川之后的移民。成都近代史上经历过四次大的移民浪潮，成都的人口从70年前的60多万发展到今天的千万之众。

五老七贤本身就是一个模糊的概念，各种版本之多，涉及的人最多的可达35人，而非12位。他们中的大多数人并不生于成都，但主要活动及重要成就是在成都进行和取得的，更有发生在成都的重大历史事件的领导者、亲历者，或以上诸因素兼而有之。在成都历史上，许多名人并非成都土著，杜甫流寓成都写下了千古名篇；诸葛亮入川之后成就了一代伟业；薛涛从长安而来，却为成都留下丰富的文化遗产。成都是一座包容的城市，她海纳百川，聚集了如此众多的文化名流，在中国西部独树一帜，并在世界城市之林彰显着她独有的城市气质！

正是从一群老人的奔走呼号之中我再一次发现"我们成都"！

王　跃
2018年春节

目 录

正 篇

外　篇

正

篇

骆成骧："布衣状元" 三电袁世凯

四川走出过无数的文化名流，但出过的状元并不多，哪怕这少许的状元也大多出在某一个地域。有人做过统计，从唐代武德五年（622 年）起，到清朝光绪三十年（1904 年）止，在实行开科取士的近 1300 年间，共出了 596 个状元。四川籍的状元屈指可数，总共只有 26 人。唐代 5 人，五代 5 人，宋代 13 人，元、明、清各 1 人。把张献忠建立的短命大西朝也算在内，则多出 2 人。四川出状元最多的地区是阆中。阆中素有"秦蜀孔道""巴蜀要冲"之称，更是人杰地灵的风水宝地，四川本就不多的状元中 5 个都诞生在这里。

四川的第一个状元是内江人范崇凯，最后一个状元就是资中人骆成骧。骆成骧 1895 年乙未科进士，有清一代，蜀士中夺魁者只有骆氏一人。骆成骧中状元成为川中一个颇具神奇色彩的传说，推动了新学在四川的流行。那些热心于维新的志士受到鼓舞更积极地活跃于维新运动，就是那些追名逐利之人也不得不学点新学，以便猎取功名富贵。

尊经书院是最为尊崇汉学的，也大讲其新学。新政时，骆成骧得到官费资助去日本学习法政，毕业回国后，被聘主持法政校，1910 年又简放山西提学。四川的资中似乎也得天独厚，竟出了两个状元：一个是南宋绍兴二十一年（1151 年）状元，有小东坡之称的赵逵，另一个就是有"布衣状元"之称的清光绪二十一年（1895 年）状元骆成骧。

骆成骧（1865—1926 年），字公骕，资中舒家桥七里沟人，曾祖父叫骆朝珩，祖父名骆恩升，父亲骆腾焕。世代为农，无人读过书，更无人为官，这就是骆成骧"布衣状元"之说的由来。农民家庭出生的骆成骧从小就爱读书，以至于有人说他是抱养的，生父姓李。也有人说骆父叫骆文廷，考取过秀才，从小教他读书。各种说法都存在，人一旦出名，成为某一领域的翘楚，就有许多闲话流传，其中许多有讹，哪怕真事也有不同的版本，在那种档

骆成骧

案制度不健全，信息又不发达的时代，各种传言自然甚嚣尘上。有一次州里考官看到小骆成骧的作文，深感诧异，问是哪个老师教你的？骆回答是父亲。由此看来骆成骧父亲不仅读过书，还颇有文采。骆成骧自幼便立下了远大的志向。一次父亲出联："抖起精神触落漫天星斗"，骆成骧思索片刻，对以"长成羽翼冲开万里云霄"，得到父亲的夸赞。

骆成骧 9 岁就读于成都锦江书院，14 岁应州试，旋以岁试第一名入成都尊经书院。在当时尊经书院是四川最高学府，是第一批提出学习西方文化的高等学府之一，1875 年由四川学政张之洞在成都文庙西侧石犀寺旧址正式开办，由经学家、文学家湖南王闿运任山长。四川近现代史上的一批著名人物如杨锐、廖平、宋育仁、吴之英、蒲殿俊、尹昌衡、吴玉章、彭家珍、吴虞、张澜等都是尊经书院的学生。1902 年尊经书院奉旨改建为四川高等学堂（四川大学前身之一）。

骆成骧在尊经书院受到山长王闿运的器重和重点栽培，学业大进。骆成骧有个同学叫谢泰来，来自四川射洪，其贫困的家境与骆成骧不相上下，于是两人很是投契。一次两人对对联，谢出上联：至穷

无非讨口。骆成骧马上豪气地大声应对：不死终得出头！他的这一豪言妙对在书院传为佳话。后来谢泰来的儿子谢兴尧拜于骆成骧门下，成为骆的弟子，这是后话。尊经书院不收学费，还每月给学生发放"膏火"银子四两，骆成骧总是用酸菜下饭，省吃俭用存下钱回家孝敬父母。

癸巳（1893 年）四川乡试，骆成骧取第三名，成为举子，次年（1894 年）入京参加甲午恩科会试，可惜落榜。骆成骧索性留在京师以教书糊口，同时准备下一次科举考试，这便是光绪二十一年（1895年）的乙未科考试。骆成骧中了进士，获得参加由光绪帝亲自主持的殿试的资格。殿试为中国古代最高级别的考试，为选拔天子门生，皇帝要亲自主持、监考、出题，并当面提问、亲自阅卷、打分等等。

光绪帝问骆成骧："为何开创之初，财富少而愈富；承平之后，财富多而愈贫？是否由于会计不精呢？"

骆成骧答道："非会计不精，实出之多而入之少也。"进而他指出财政上入不敷出的症结在于"兵额太广、靡费太多、侵渔太多、上下相蒙、隐忍不言"。最为严重的则是官吏们上下相蒙的贪污腐败。骆成骧认为："人君奢侈，大臣效之；大臣奢侈，士庶效之。"骆成骧虽不明说，实则隐约沉痛地批评了慈禧太后的骄奢淫逸所造成的风气败坏。呼吁："念民生之日思物力之有限，躬行节俭为天下先。"

策对中骆成骧写道："臣愿陛下思昔之所以强，今之所以弱；昔之兵额何其少而无敌，今之兵额何其多而无用。"

在殿试策对时他的每一句话都深深地打动了光绪皇帝而获满分。"臣对：臣闻忧所以启圣，故盛世不妨有水旱之灾，走访所以竭忠，故诤臣不避斧钺之罪。"

骆成骧参加殿试时写的策论文被主考官大学士徐桐排列为第一甲第三名呈给光绪皇帝，这表明了主考官对录取名次的意见。第一名原本是喻长霖。光绪皇帝看了前两篇文章无所表示，看到骆成骧的文章却欣然点头，龙颜大悦：真是写到朕心里去了。光绪皇帝对徐桐说：

"朕欲以此人点元如何？"

光绪皇帝要钦点骆成骧为第一甲第一名。第一甲分三名，乃状元、榜眼、探花。当时正是甲午战败，上下齐呼改革，朝廷渴求人才，君王思贤若渴，国运维艰，光绪皇帝不愿做亡国之君，但他受制于人，什么事情都做不了主。从他5岁被抱上龙椅，到此时已经25岁，仍然只是一个傀儡。骆成骧似乎看穿了皇帝的心事，或许他真的就是这么认为的，在策论开头就写道：

"传曰：'主忧臣辱，主辱臣死。'此即臣发愤忘死之日也！"

这无疑触动了深怀忧愤和屈辱的光绪皇帝的心。骆成骧在治军、理财、倡行节俭、农事等经国大政方面都提出了皇帝必须亲自掌握大权，然后才能"转祸为福，转败为功"。

这篇策论句句触到光绪皇帝的心事，自然受到赏识，骆成骧受到钦点，徐桐当即回答："谨遵圣裁！"骆成骧成为清代四川省唯一的一名状元。

骆成骧在资中考秀才时是杨锐取的，因此二人就有了老师与门生的关系。骆成骧金榜题名后协助杨锐筹建了"蜀学会""蜀学堂"等支持维新活动的组织。他被授翰林院编修，先后出任过贵州、广西乡试主考大人、山西提学使、京师大学堂（北京大学前身）提调（负责实际筹建），后又奉命赴日本考察宪政，主持桂林法政学堂，创办四川大学，筹建成都的资属中学等。即便在母丧回籍丁忧期间还在家乡开馆授课，连川中高级将领也附庸风雅，自称骆氏门生。

民国时期，骆成骧推辞了各方邀约，仅以教书维持生计。当时每逢开课，教室门口就要围上一大群人，都是跑来看状元公的。骆成骧一辈子同教育打交道，其名言"天下无如吃饭难，世上唯有读书高"。梁启超谓其"状元公教书有瘾"。

不久，慈禧发动政变，光绪皇帝被幽禁，六君子倒在血泊中，康有为、梁启超逃难国外，维新运动惨遭夭折。1911年辛亥革命爆发，山西各界联名吁请清帝逊位，骆成骧列名其中，隆裕太后阅读了他们的请愿书后说："骆某亦谓当如是耶?"故后来泸州高树（珠岩山人）有诗云：

> 状头拔取君恩重，禅表书名隆裕惊。

骆成骧何尝不深感光绪皇帝的知遇之恩，"痛苦不欲生，奔投井，家人环阻不克殉"。要不是家人的劝阻他想为之殉死，可见他当时痛苦的状态。事后又含泪赋诗：

> 纵是瀛台亲笔点，皇清添个送丧臣。

受过光绪皇帝青睐的骆成骧自然不会受到慈禧的重用，心灰意冷的他已无心在仕途上攀爬，他沉湎在对殉难者的怀念当中，特别是老乡兼师友杨锐被杀，更让他悲痛不已。后来他曾在绵竹杨公祠提了一联：

> 大节壮人寰，谁谓君子道消，小人道长；
> 两行垂老泪，我伤梁木其坏，泰山其颓。

1912年2月，原忠于慈禧而使光绪被囚的阴谋家袁世凯掌握了北洋军，他用手中的权力威逼南方革命军，又迫使清帝退位。资中同乡、同盟会员杨禹昌为建立共和在北京刺杀袁世凯失败被杀，暴尸荒野，不准收尸，骆成骧挺身而出，为其收尸，掩埋于北京四川义地。又将杨禹昌的遗孀罗夫人及孤儿和杨禹昌的血衣等遗物带回四川资中，写下了《燕台》诗：

> 万里还携孤寡去，三年别抱苦辛来。

1912 年回到故乡四川，骆成骧被公选为四川省临时议会议长、都督府顾问、四川筹赈局督办等，后任国史馆纂修、国学专门学校校长。

清朝灭亡后不久，袁世凯上台，准备复辟当皇帝。他授意杨度等人成立筹安会，鼓吹帝制。为笼络人心，袁世凯派成都知县找到骆成骧劝他出山，担任川、滇、黔筹安会会长。骆成骧大怒，把来人骂得狗血淋头，撵出门去。

1915 年袁世凯称帝，蔡锷在云南宣布独立，率领护国军在四川和四川督军陈宧的北洋军队开战。陈宧是骆成骧的学生，看到举国讨伐袁世凯的形势，原本是袁世凯心腹的他没了主意，就到骆成骧的家中找老师商量。他说："现在时局紧迫，我虽然受到袁氏重用，但对他称帝也很反感，我如果依从他将受到天下人的唾骂，如果反对他，我身边几乎全是袁世凯派来的人，随时都有性命之忧。请问老师如何是好？"骆成骧便像诸葛亮隆中对一般为陈宧设计了"联蔡、推冯、反袁"的六字方针，说道："此未可明拒也，方今情势，成都南京并重，而南京冯国璋久于袁，可以资望推让之，蔡锷方自云南率护国军起义讨袁，宜暗与联名函冯，许以袁败后推彼为大总统，则袁笼络之术穷，失恃而败矣。"

骆成骧给陈宧出了个高明的主意，让他联合蔡锷给南京的冯国璋发一封密电，说袁世凯如果失败了就推冯国璋为大总统。这正中冯的心意，本就野心勃勃的冯国璋接到密电后暗自高兴，他一旦介入可以改变当时的局势，但他按兵不动，就是不帮袁世凯的忙。骆成骧为陈宧拟了三道讨伐袁世凯的电稿，并自信地说要气死国贼。

三道电报在 1916 年 5 月相继发出，前两道电文口气还比较温和，毕竟陈宧与袁世凯有知遇关系，所以在电文中只是劝袁世凯退位而已，第三道电文则将脸面撕破，表示四川与袁世凯断绝关系。电文内容把袁世凯气得暴跳如雷，他万万想不到自己的心腹陈宧也会反对自己，真是人心大变！袁世凯本以为天下人都拥戴他当皇帝，却不料人尽反之。

骆成骧代陈宦起草的三道电报：

电报一："前大总统袁公德鉴：痛自强行帝制，民怨沸腾，干戈四起，兵连祸结。国命阽危，未知所届，远推祸本，则由我公数年来，殃民秕政，种怨毒于四民；近促杀机，则由我公数月来盗国阴谋，贻笑侮于万国。查约法第四十六条，有总统对于国民负责任之规定，失政犯宪，万目具瞻，厉阶之生，责将谁卸？望我公救百姓于涂炭，自行退位，此天下之大幸也！不胜惶恐恳告。四川督军暨军民全体同叩。"

电报二："前总统袁公慧鉴：我公名为善后，实则不愿退位，岂非授人以笑柄？因辛亥之役，前清以三百年之垂流，犹且不忍于生灵涂炭，退位让皇。今我公徒私天下之故，不惜戕亿万人之生命，比较胜朝，能无汗颜？况事终无成，徒见谬笑，各为智者，顾若此乎？再次敦促，望我公速即退位，以安民心。四川督军陈宦叩。"

电报三："前大总统袁氏钧鉴：两电劝导，已是仁至义尽，自今日始，四川于袁氏，断绝关系。袁氏在任一日，以其政府名义处理川事者，川省皆视为无效。以至于地方秩序，宦守土有责，谨当为国家尽力维持，靳任大总统选出之日，乃宦奉土地听命之时。专此电达。四川督军陈宦叩。"

这三道电文直中袁世凯的命门，不久之后，袁世凯就在一片讨伐声中退了位，也不知是不是应验了骆成骧气死国贼袁世凯的话，袁随即便一命呜呼。

骆成骧对袁世凯的告密导致戊戌变法失败早已恨之入骨，现在闻袁氏因恢复帝制而惨败，大喜过望，对人说："吾得为景帝（光绪皇帝）杀一贼。"并作《咏剑诗》：

聊凭掣电飞三剑，斩取长鲸海不波。

反之，骆成骧同蔡锷的友谊却是相当深厚，写有《送蔡松坡督军赴沪就医》一诗：

乾坤惨未清，忍泪送公行。

蜃气重黄浦，犀光烛锦城。

恨长江水短，忧重雪山轻。

留住知无计，哀时且已生。

希望他早日康复，重新报效国民。蔡锷在日本去世，他悲痛万分，写下了《祭蔡松坡督军文》，在追悼会上声泪俱下地祭悼，闻者无不为之动容。

骆成骧晚年居住在成都，他的余生几乎都是在办学和教育中度过的。因骆成骧热心教育，又是饱学之士，人们尊他为成都五老七贤之一，位列七贤之首。骆成骧不以为然，说："什么五老七贤，依我看是五个老不死，七个讨人嫌而已！"骆成骧确实有点讨人嫌，但不是讨民嫌，而是讨官嫌。骆成骧说得不无道理，在四川执掌大权的军阀看来，这些人名望太高，杀又杀不得，买又买不动，不肯出来为官，屡屡出来唱反调，所谓为民请命，形成了一个团体，有团体效应，老百姓也望着他们，影响力很大，实在是老而不死，很讨人嫌！

在吴虞等反对封建礼教的人看来，五老七贤是些缺脑筋无眼光之人，对这些卫道士很看不惯。1922年5月5日从报纸上得知骆成骧操办筹备四川大学事宜，吴虞觉得"甚可怪。状元尚能显圣耶"？1926年6月28日骆成骧去世，8月8日，吴虞在日记中写道："成都幸又少一老物。"由此可见当时各种意见的对立。

骆成骧是近代过渡时期的人物，在维新上积极，反对袁世凯称帝，但他毕竟受的是旧式教育，受四书五经的影响极大，又通过科举成了状元，感念光绪皇帝的知遇之恩。但骆成骧也主张清帝逊位，并在山西臣工的奏折上署了名。民国以后他始终不愿担任民政长一类职务，他既想摆脱传统观念的束缚，又割不断与旧时代的联系。他是一个矛盾的人物。

他曾对长子敬瞻说："清政久失人望，不免于亡，予岂不知？然革命事业，人可为汝不可为，以吾家所受知遇，非众比也。汝欲不为奴隶乎？能自主乎？瞬即另为人役矣。"

从这段话中不难看出骆成骧当时的心境。但从他应胡峻的请求写的四川大学校歌（2013 年 4 月 28 日被正式确定）也可以看出他另一种胸怀。

> 岷山峨峨开天府，江水泱泱流今古。
> 聚精会神生大禹，近揆文教远奋武。
> 桓桓熊罴起西土，锵锵鸣凤适东鲁。
> 祭神人，歌且舞，领袖群英吾与汝。

其实，骆成骧并不是一个穷酸文人，他不仅能文，而且酷爱武术。1920 年骆成骧之子骆凤嶙从德国留学回来，谈到德国有人专门研习东方柔术，骆成骧深受启发。世界列强纷纷瓜分中国，要保家卫国，就要习武。他把为别人撰写碑文得到的酬金全部捐给了成都"武士会"，还当上了武士会的会长。骆成骧利用其影响四处筹集资金，在成都少城公园修建国术馆，创立了射德会，提倡射箭运动和柔术，这两项运动本来就是中国武术的内容，在骆状元的倡导下重又开展起来，这正符合他"强国强种"的理念。因此，有人甚至认为骆成骧是个武状元。

骆成骧的装扮很古旧，常常手持一柄长烟杆，身着土蓝布长衫，一顶瓜皮帽，一双圆口青布鞋，扎着裤脚，俨然一位乡村塾师的扮相。在五老七贤中与他打扮相仿的有徐炯和林山腴，但林山腴穿得比较考究，不似骆状元这么土。五老七贤中真正西服革履之人不多，包括出洋去过欧洲的宋育仁头上也扎着一个发髻，大多时间都是中式打扮。

骆成骧的另一项贡献就是川菜。川菜中有一类菜叫公馆菜，是各个名人公馆中发端创立，后流传于世的川菜名菜。譬如龟鳖鱼王汤就出自成都少城奎星楼街43号的李公馆。醪糟红烧肉则是旧时成都多子巷刘湘公馆宴客的一道别具风味的名菜，是最能代表刘湘公馆家宴水平的菜品。骆成骧府中传出的名菜叫"清炖粉蒸肉"。食不厌精，脍不厌细，品尝过清炖粉蒸肉的人无不拍案叫绝。有人质疑既云粉蒸，何来清炖，认为此菜有悖烹调法则。这种复合型的菜肴只有擅长烹调之道的美食家骆成骧才能构思出来，也只有超凡脱俗的知味高人才能做出如此引人入胜的美味。

清炖粉蒸肉是按《调鼎集》所载的粉蒸肉制作方法加以改进而成。用文火炒上白籼米后，筛出锅巴粉，再重用脂油香料等同炒，将肉入粉拌匀，装入蒸碗，并不上笼，然后填塞在制好的猪小肚内进行密封，再用猪大肚套上，再次密封，放入高汤清炖成菜，上桌时剖开猪肚，取出蒸碗，就是一道风味独特的川菜粉蒸肉。此菜的韵味在于蒸炖二者合一。骆成骧宦游各地，每到一处均要寻访当地烹饪高人，遍尝他乡美味，久之，便对烹饪之道日益精通。清炖粉蒸肉是骆成骧的杰作之一，在成都士林中声名昭著，成为川菜中的上品。骆状元作文章是状元，做菜也是状元，以此可以看出他并不古板，也不守旧。但无论如何也不能认为他就是一个奢侈之人，他其实非常俭朴。

骆成骧被称为"布衣状元"，受到成都百姓的敬重，他多年为官，却是家无恒产，厨灶屡空。当年骆成骧中举之后，有人建议在他老家修建一座府第，被他婉言谢绝。骆成骧在资中重龙山三贤祠设馆教读，用餐仅有二菜一汤，连地方官员也看不下去说："状元何清苦如此？"骆成骧回答："门生有此足矣！"他一生洁身自好，甘于淡泊，节操高雅，一般人不能及。

就是如此节俭的骆状元却"日与故人诗酒酬唱"。这也是他的爱好，所以能够创造出极品川菜。骆成骧的状元府第十分简陋、寒碜，骆公馆是一廛中等大小的平房院落，别说与省里显要权贵的朱门华屋相比，就是跟一般富商人家的公馆比也相形见绌。骆宅门前只有自题"衡门栖迟"四字一块木质横楣，这与状元府第相去甚远。但院落中却有别致而突出的一处，面对着南城废堞的围墙边，临池筑起了一座两层高，大约五丈见方的楼房。这是状元公读书之处，他每晚回到卧室还要朗诵古诗至深夜始寝。骆成骧的起居名叫"清漪楼"。楼外可见一片碧波荡漾，清明如镜的上莲池水。这一幽居坐落在离闹市较远的僻静城边，笼竹柳丝，竟无半点尘嚣之气。这样的环境确实是一个修身养性的好去处。所以骆府于俭朴中透着一种高贵，所谓宁静而致远的境界。

骆成骧寓居成都时"贫不能自食"，但是屡辞民政不就，只靠教书度日。状元家无恒产，不买田置地，长子骆敬瞻 1920 年从柏林工业大学留学回来任四川造币厂工程师，月薪百元，加上状元本人国学院工资，以此维持全家生活。骆成骧对于权贵们的馈赠均加以拒绝。骆成骧是韦宗林的姑祖父，1919 年韦宗林寄养在骆家，他回忆说骆家有两类贵宾，一类是当时四川的军政巨头显要，如尹昌衡、刘禹九、刘自干、杨子惠等，他们来骆家时都跟随着一群威风凛凛戎装的侍卫，并且送来贵重的贽见礼品，礼品上附有自称"门生"的大红拜帖，弓腰打拱地晋谒状元公，以示敬老尊贤。另一类就是状元公的故人、诗酒之交，如宋育仁、徐子休、赵尧生、颜楷等人。他们每遇春秋佳日，联袂而来，陶然酒醉之余，或下围棋，或赋新诗。像这样的诗酒聚会，每次都要到夕阳西下始尽欢散去。

从这段记述可以看出骆成骧的晚年虽然过得俭朴却不失情趣，他的家就是蜀中文人的一处尽欢场所，在成都只有林思进的清寂堂可以与之媲美。位于成都爵版街的林思进居所也是一处文人聚会的场所。到了今天，成都文人还有这种饮宴之风。只不过场所大多选在某一家茶馆，文人们在茶馆里高谈阔论，好不快活。成都是中国文人聚集得最多的城市，无数高人隐士大隐于此，府南河边的露天茶馆坐满了这些隐士，过着清谈清淡的日子，却关心着国际国内的大事。

骆状元在成都文庙西街的居所附近的一条巷子就因他得名"骆状元巷"，今人讹为落酱园巷。此巷与为纪念杨升庵的成都状元街齐名。1926 年，时任西康屯垦使的四川军阀刘成勋别出心裁要举行文官考试，礼聘骆成骧为主考官，派人将他迎至雅安。考试结束，骆成骧畅游蒙山之后返回成都，不久，到夏天，骆成骧在家中病逝，时 61 岁。他一生经历了甲午海战、公车上书、百日维新、戊戌变法、辛亥革命、护国倒袁、五四运动、军阀混战等一个又一个的历史事件。他能够顺应时代潮流与时代同步而行，在成都历史上发挥了重大的历史作用。

骆成骧病逝后灵柩要运回资中老家安葬，出殡当天，成都老百姓自发组织起来，沿街护送骆状元回乡。随行的人越来越多，把道路都堵塞了。骆成骧的灵柩清晨从文庙西街骆府出发，直到太阳偏西才行至牛市口，可见这位清代四川的唯一状元是多么受到老百姓的爱戴。

成都历史上损失了无数的文化标志和符号，给成都留下了重彩一笔的文化名流骆成骧的公馆并没有保存下来，也没有建立他的博物馆或留下任何文化痕迹，包括他居住多年的文庙街附近的骆状元巷也荡然无存，人们只能从文献中去寻找对他的记忆，并发出阵阵的慨叹！

赵熙：诗豪的诗词岁月

赵熙（1867—1948 年），字尧生，号"香宋"，四川荣县人，前清逸民，世称"晚清第一词人"，老成都五老七贤之一。他出生于四川荣县城北宋家坝的一户贫寒农家，却天资聪慧，于光绪十八年（1892 年）壬辰中进士，官至翰林院编修，监察御史。在京城时，他与四川籍前辈刘光第、杨锐、乔茂萱、高树和高楠兄弟过从甚密，在京师著有铅排本《香宋杂记》。赵熙的诗属清末同光派，诗词与陈三立、陈石遗等并称于世，而"香宋词"更是清末民初四川第一，无人可以比肩。

在江西道监察御史任上，以弹劾邮传部尚书盛宣怀最为出名。1911 年，保路运动开始，赵熙弹劾邮传部尚书盛宣怀借款卖路，指责他"厝君父于积薪之危，加民众以破家之害"。在保路运动中，发生赵尔丰枪杀成都请愿市民的事件，他上章参劾赵尔丰，以"雪死者之冤，平生者之恨"。梁启超曾写诗称赵熙：

> 谏草留御床，直声在天地。

赵熙上书请杀赵尔丰，并一举弹劾数名清朝亲王，名震朝野。这一时期的赵熙不仅年轻有为，而且仗义执言，眼里揉不进沙子，敢于横刀立马，关心民间疾苦，所以，每每站出来为民请命。

诗人还是川剧大家

赵熙写川剧剧本与他写诗一样，张口就来，提笔就能成文，这是最令人称道的。有一个典故说，赵熙在京城为友人杨增荦回蜀地送别，可以一口气写下 30 首竹枝词相赠。连文学大家陈石遗也惊叹不已，这赵熙竟展纸濡毫，在原诗之中又立增首尾 4 首诗相赠，其中一诗将陈石遗纳入诗中。诗言：

> 石遗老子天下绝，谈诗爱山无世情。
>
> 大好金华读书处，闻风心到锦官城。

赵熙的才思如此敏捷，因为他当时在诗才卓著的年龄，在京城同中国当时最著名的一些文人形成一个唱和的团体，激发了他的才思。文学创作要有氛围，特别是诗词创作要有应答，这是他文思泉涌的著名掌故。令人叫绝的还在其后一天，待陈石遗再览赵熙的送别诗时，惊见原诗又由 34 首增为 60 首。赵熙的这番本领折服了钱钟书的父亲钱基博先生，他曾撰文述及此事：

> 诗有何法？胸襟大一分，诗进一分。

这是年轻时的赵熙，功力深厚，且文过酒从，只要相聚就有作品。赵熙来自四川边远的荣县，是诗词家，亦是书法家，还是教育家，其名不亚于任何一位在朝在野的大师。关于这一点，当时的大家不管是陈石遗，还是梁启超，或者是谢无量等都有公论。特别是能够得到谢无量的喝彩，足见其分量。谢正是蜀中一位才华横溢的诗家书家。

民国丁巳，即1917年，《香宋词》3卷收录词作300多首，内容多为咏物、唱和、酬答、遣兴、抒怀、咏歌岁时风物、记述登临游赏等等。

在近代文学史上，赵熙既是"蜀中诗豪"，也是"蜀中第一词人"。赵熙返蜀后寓居成都数年，除了教书，大多时间就是作诗。他工于古文诗词，"梁启超客游东瀛日，尝以古文辞请益，书讯往复，自谓所以进之者良厚"。赵熙寓居成都，与胡薇元、宋育仁、邓休庵等结词社。返荣县后的生活是终日写字、作诗、饮酒。可见这一批蜀地大家一个个京官不做，急匆匆地返回家乡，日子过得十分滋润。

赵熙不是足不出户之人，他的眼光是靠足迹来丈量的。他一生曾五至京师，八出夔巫巴峡，一登嵩山，一游西湖，五上峨眉……足迹遍及大半个中国，这同蜀中《推十书》的作者刘咸炘适成对照。刘连四川都没有出过，年轻时仅去过成都周边的新都桂湖，一生走得最远的就是江油，正是这次川中远游让他不幸中暑染疾而亡，时年仅36岁。在短短的36年里，刘咸炘著书231种、475卷、350册，同样成为蜀中的另一大家。可见每一个人对世界的感知方式是不同的。

> 西来如履众星行，九牧文章有大名。
> 小醉浣花娱白发，重寻大药入青城。
> 扶摇片影长江尽，苍翠离堆四月晴。
> 我奉雪山为赠品，君收云海做诗声。

从这首诗中可以看出，赵熙与友人陈石遗，连同林思进和弟子庞石帚5人游历蜀中的行迹，这群人后来都有诗名、文名和书名留在蜀中，这次游历可能是赵熙和陈石遗二人最后的唱和。赵熙将西蜀的皑皑雪山作为赠品送给友人，友人将要游历蜀中名山峨眉，这么一位"九牧之人所共叹"的文学大家，定会"君收云海作诗声"。这是川中仙山峨眉的云海，滚滚而来，化作诗声必然发出巨大的咆哮之声。如此写来可以看出赵熙虽然走遍山山水水，真正让他感触最深的还是家乡景物。

赵熙为蜀中诗才第一人，除诗词之名外，对川剧的贡献也很大。1906 年，在设于成都会府北街的茶园"可园"产生了最早的川剧剧场。清光绪末年，建劝业场的周孝怀又提倡戏曲改良，在成都成立了戏曲改良公会。1912 年，四川川剧界的杨素兰、康子林、唐广体等名角成立了三庆会在成都华兴正街的悦来茶园组织川剧演出，这样正好为黄吉安等人的戏剧创作提供了试验舞台。赵熙改编的川剧剧本《情探》唱词优美，民国时还灌了唱片，一时轰动文坛和梨园。剧中书生王魁与名妓焦桂英一见生情，结百年之好。哪知王魁进京赶考，中状元而忘恩义，桂英等来的不是云开月明而是一纸休书，绝望的桂英自缢而死，她在阴间申诉负心郎的罪行，最后判官司的小鬼捉拿王魁。

《情探》在川剧史上占有重要地位，赵熙与写下《江油关》的川剧剧作大师黄吉安一样名留史册。不过可惜的是他的另外两部剧本《渔父辞剑》《除三害》均已失传，寻觅无处。

赵熙不仅是书法大家、诗豪词人，还是编纂权威。民国以后，他不再出仕，而是将全部心力倾注在主编《荣县志》的工作上。由他批注的《荣县志》历时 8 年完成，编修得十分精彩，为川中名志。荣县本是赵熙的家乡，他编修起来才如此得心应手。

五老七贤这一旧时的文人群体，饱学之士，每一个人的贡献都是多元的，譬如骆成骧，在川菜传承上有独到见解，又如赵熙集教育达人、书法大家、诗豪词人、编纂权威于一身，如何不令人仰慕敬重。今成都杜甫草堂藏有赵熙评点的杜诗四部。其文章骈散俱精，以散文居多，一生作诗3000 余首。家有藏书数千卷，多精心评点。文人藏书同藏家藏书不同，文人多有心得研究附于书中，这种点评或许比藏书本身更有价值。

就是这样一位达人大家，20 世纪90 年代巴蜀书社出版《赵熙集》时竟然找不到他的照片，只好把过去出版的《清寂堂集》中赵熙与林思进的合影拿来，剪去林思进的那一半做了插图。此为题外之话。

前清耆旧与教育达人

赵熙做过清末翰林院国史馆编修、江西道监察御史。清朝末年，社会动乱，赵熙早早从京城打道回府。幸亏他的诗名已远播，书法之名也显著，回到家乡四川之后成为成都的五老之首。他准备归隐荣县宋家坝，潜心向佛，这是中国知识分子大多走过的一条归路。但想要隐居也并非易事，乱成一团的时局不时扰乱他的心境。他全靠自己的定力才安顿下来，同成都的友人诗书传信。

1941 年，国民党的最高领袖盯上了他，蒋介石青睐这位前清耆旧和教育达人，要将这位蛰居四川一隅的清朝遗老聘为国民政府的高级顾问，并且将付给他高薪。蒋以为赵遗老会感激不尽，会欣然到陪都重庆赴宴。其实蒋介石并不清楚赵老先生对民国的态度，赵熙在撰文时甚至用"国变"来应对"民国某年某月某日"，如此可想而知，这位顽固的老先生岂会俯就统治者从偏远的荣县赴陪都重庆。最后，赵熙虽经不住各种说客的斡旋勉强到了重庆，也以年老多病作为托词，委婉回绝了出山的引诱。他甚至对孔祥熙说："家有薄田，足以自给，请念此硅砝之节，勿复相强。"

其实，赵熙能够亲自前往重庆赴宴已经是给蒋介石莫大的面子了，是程潜等人的一再劝说，他才勉强而去，而且一再对蒋介石说我年老了，眼睛不行，看不了报纸，对天下之事一无所知。在这件事情上蒋也算是还有涵养，并未深究，出山之事虽然不成，也足以看出赵熙在当时卓著的声望。

赵熙并非不问国事之人，他早年也是一个激情青年，对国家社稷有过一番壮志，他曾数度上书清廷，请求裁汰皇亲贵族，"直声振朝野"。前面说过他不仅弹劾过邮传部尚书盛宣怀，还参劾过赵尔丰，可见其爱憎分明。

1913 年在熊克武声讨袁世凯军事挫败之后，赵熙就被定为主谋，被袁世凯四处追杀，赵熙东躲西藏，在重庆不敢出头，幸亏其弟子梁启超力劝袁世凯收回了成命，赵熙才能躲过一劫回到家乡荣县。经过了那么多的风风雨雨，在故乡的赵先生一心只在诗词书画，那时信息并不发达，身处偏远的赵熙除了吃斋念佛，想要看清外面的世界风云也不容易，只能以隐士自居。当然，还可以教几个学生，并以写字谋生。

1912 年秋，赵熙月夜登上仙人山，早晨他站在山顶，但见云雾隔世，山花烂漫，松风冷清，岚气缥缈。此情此景正合刚从清廷辞官归隐的心境。他即兴题《登仙人山绝顶》一首：

苍龙瘦脊挟空飞，蜕骨灵山挂石扉。
我是德云前世住，仙朝珠馆几年归。
花浓细径香千劫，天敞群峰压大围。
若有人兮松际下，上清风冷五铢衣。

这一首诗生动反映了赵熙在辛亥革命之际的失落、迷茫。他写道：

"昨夜明月入怀，今朝晓云遮山，世事难料；

生不逢时，不如归隐；

仙境虽好，高处不胜寒；

明珠投暗，龙游浅滩，可别像茶仙卢仝（号玉川子）那样，清高一世，死后连后代子孙都忘了葬身之地。"

赵熙不到 50 岁便退出官场，在仙人山东南十里处大刀寨隐居，与清风明月相伴。

民国二十年（1931 年），赵熙已 60 多岁，还办了学校"文学舍"，各地对国学、古典文学有兴趣的学生都可以报考。"文学舍"招收了几十个弟子，以 3 年为期，赵熙亲自授课，亲自选编教材《唐歌行》。书下角印有"文学舍"八十九双页，选唐代诗文作品近百篇，有张若虚的《春江花月夜》、骆宾王的《帝京篇》、王维的《夷门歌》、李白的《远别离》、杜甫的《兵车行》等。赵熙自己是诗人，所选教材也偏重诗文，这些文选石印作为学生的教材。据说当时有学生拿着帖子（推荐信）去荣县投考，岂料赵熙根本不看帖子，只看考试成绩，那人考了第 2 名才入室成为赵熙弟子。

乐山乌尤寺有个和尚，他有一个徒弟后来成为大师，大师年少时也是赵熙的学生，故赵熙常去乐山乌尤寺，客驻治学，写了不少诗文。赵熙还出版过一本《乌尤山诗集》。1936 年，赵熙与学生同游峨眉山、青城山等地，一路上师生们吟诗唱和，以记名胜。赵熙后来写了一首诗《丙子秋稧》专门记叙了这次游历。

当年在荣县，赵熙在文学舍对学生文章诗词的批注评语及平时信手写成的便条或题笺等手迹，只要一离本人，原件则被珍藏。连赵熙手写的"七夕"题笺在教室门前张贴不久，就有人照抄样本，原稿则被人揭去。

赵熙并非泥古不化之辈，他与挚友林山腴一样对西方先进思想也有所吸纳。他曾撰有一副对联，其意蕴很能反映他对中西学的态度：

> 合古今中外为师，曲观其通，两派春潮归渤海。
> 任纲常伦纪之重，先立乎大，万峰晴雪照昆仑。

赵熙出任过重庆东川书院山长、南充经纬学堂监督（校长），主持过荣县凤鸣书院、泸州经纬学堂等，桃李满天下，著名门人有周孝怀、吴玉章、黄复生、江翊云、梁启超、郭沫若、孙炳文、余中英、江庸、向楚、庞石帚……他的及门弟子或私塾弟子所取得的成就已惊动蜀中文坛，在各自的领域写下了轰轰烈烈的篇章。上面引用的那副对联就是赵熙任重庆东川书院山长时所作，篆书榜于书院大门，这与陈寅恪先生认定的"中学为体，西学为用"的见解相同。可见他的心态是开放的，他在办学主张上并不排斥西学。

赵熙有三个得意门生，人称赵门三杰，其中最为人知的就是向楚，当时向楚在四川大学文学院当院长。辛亥后，赵熙在成都蜗居，晚年与宋育仁、方旭、邓鸿荃等人结成词社。1914 年赵熙回到荣县，到他去世前，曾四次到成都，与林思进、宋育仁、尹昌龄、徐炯、方旭、骆成骧等多有诗词唱和。前面说过他与林思进最为相投，所以每次来成都其活动中都离不开林的身影，其诗作也多有林的唱和。

关于赵熙办学还有一件趣事。赵熙虽地处偏远，仍有日本留学生跟进。一个名叫成田安辉，通晓英文的日本留学生拜在他的门下。赵熙对学生的要求是必须行叩头礼，听课时还要穿长袍，这个日本学生有一次竟西服革履而至，被愤怒的老师赵熙用烟斗欲击，这日本学生落荒而逃。大家以为他受此叱责不敢再来，却见他身着长袍向老师致歉，并且更加恭顺。赵熙的师道尊严正是体现在这些方面，不准学生有半点逾越。这一点同五老七贤中另一位老先生，时任四川省教育会会长的徐炯类同。他甚至不允许学生在称呼先生时加上姓。

赵字成为"荣县体"

《赵侍御真迹》即《张太公墓铭》，上题"荣县赵熙撰文，巴县向楚书丹"，拓本石印，民国二十六年（1937 年）荣县兴国印刷局印行。《张太公墓铭》是张慧儒先生的墓志铭，张系四川犍为人，十岁丧父，后经商运盐发了财，喜做慈善，接济穷人。他的弟弟张志芳在川军当旅长，治军严谨，张家教育子女有方，在当地百姓中有口碑。

辛未年（1931年）八月二十四日，张老先生74岁时病逝，葬在犍为县北乡忠恕山。家人请赵熙作墓志铭，当然是捧着不菲的银子去的，这也是有钱有势有地位的人家的一种时尚，请有名望的名家写墓志铭。

赵熙的书法堪称一流，求字的人不少。今天四川荣县西街241号，在民国时期是一间书画装裱铺，赵熙曾在此悬挂润格，兜售书画，以大洋计算，价目清楚，靠一个个字书写有了收入。每天求书的人门庭若市，故赵熙颇有进账。关于这一点吴虞很看不惯，1929年12月4日吴虞在日记中称赵熙"顽旧爱钱"。赵熙的母亲却有另一种看法，她认为儿子为官时并没有挣到钱，很清苦，不料却在隐退故乡时给人写字赚了大钱。母亲一生贫困，靠种菜织布为生，当年连儿子赶考的路费也拿不出，如今却坐拥田租四百石及荣县桂林街香宋全院。这不仅有钱，还是一种荣耀。赵熙的书法博采众长，自成一格，被称"赵熙体"或"荣县体"。当时大家都想求得赵熙一书，家家都以能挂赵熙字为雅，当时有谚说，"家有赵翁书，斯人才不俗"。所以赵熙卖字不愁没有市场。关于赵熙的书法有许多说法，不管他学习的是何家，但最终自成一体，自己作诗，自己书写。

赵熙书法作品

1926年赵熙一目失明，然而书法却融化精进。其实老先生闭着眼睛都能写字，这使求字的人更加追捧。

世人十分敬重赵熙，某年军阀部队在荣县打仗，当时赵熙住在东门，双方军官以赵熙德高望重，未开战前先定下君子协定：不在东门开火，以免使老先生受惊吓。

有两则掌故专述赵书的巨大魅力，当时一个姓白的师长想要得到一幅赵熙书法不能如愿，便派他的手下进行各种威胁逼迫，赵熙被逼无奈，勉强应付了这件事。另一个军阀是仁寿文公场的董某，在家乡建了一座祠堂给母亲做寿，请赵熙为祠堂写祭文。他派了一名副官到荣县求字，赵熙置之不理。副官四处找人说情，居然在荣县混了半年才靠送礼和花费 2000 元大洋完成任务。这两则掌故传得很远很神，为求一幅字不仅要花费巨款，还得花掉半年时间，这就是赵熙体的威力。

赵熙对朋友的书信必复，或简短数行，或连篇累牍，文字高古，有六朝风格。而小行草笔精墨良，疏落有致，令人爱不释手，得之者珍如拱璧。赵熙学一家成一家，食古能化，化能融合，任取一家都已自成一体，但他仍不满足，一生都在学习，使自己的书法达到秀逸朴厚，变化多端的艺术境界。

成都人民公园辛亥秋保路死事纪念碑的碑正面所题大字即为赵熙所书，碑的四面由当时四个大书法家所写，即赵熙、颜楷、吴之英、张学潮。除张学潮外三位都是成都著名的五老七贤。当时选这四位的字自然也是对其书法的公认。能够看到赵熙文墨的地方还有很多。在成都望江楼公园他也题下了"独坐黄昏谁是伴，怎教红粉不成灰"的名句。在峨眉山金顶他题写了"万里烟云朝雪界，九天龙象护经窗"。这些都是观赏赵字体的好处所。赵熙的书法亦如他的人品，文墨如人，人格站立而起，文墨便永远不倒。

高深的修养为人敬仰

昔君东入海，劝我慎祍趾。
戒我坐垂堂，历历语在耳。

这是赵熙的学生梁启超的一首诗，说的是学生不听老师的劝与袁世凯共事，待遭遇了坎坷才追悔莫及。其实当年袁世凯追杀赵熙时，梁启超从川人蒲殿俊口中得知此事，力劝袁世凯收回成命，保护了赵熙。

虽然政见不合，但学生对老师的古典文学修养始终佩服得五体投地。梁曾说："仆为文浅薄庞杂，吾师得毋呵其为野狐禅。"梁启超的诗水平有了提高，使众人惊叹其进步的神速，其实是老师赵熙的大改大动，大家传看了梁启超的诗稿，方知赵熙的指点有多么大。

赵熙从清末一直走进民国，那是一个动乱纷争的年代，在纷乱的时局中，各界人士对这位诗人都十分礼遇，包括朱德在1920年率滇军驻扎成都，对赵熙尊敬有加。赵熙同朱德同为川人，很谈得来，一个文人，一个军人，相谈甚欢，赵熙甚至赠诗给朱德道：

只有人心能救世，西南半壁赖扶持。
读书已过五千卷，一剑能当百万师。

赵熙很会看人，多年之后他对学生向楚也很看好，事实证明判断如实。他对刘伯承也是十分欣赏，刘伯承亦是赵熙书法爱好者，当刘伯承求字时赵熙为刘集联相赠。赵一生阅人无数，自然有了自己的心得。包括郭沫若也曾问学于赵老先生，成为赵的学生。其实郭沫若的家乡沙湾离赵熙的家乡荣县很近，属于一方水土，养出了两位大家，所以说蜀地名士大家人才辈出。

2006 年，笔者的朋友彭先生在修补古籍时，从汉籍文献库书柜里随手捡出一本残书试手，此书名《杜工部集》，残书存卷十四、十五两卷。翻到末页，见一小印朱文"尧生"，细辨知为吾乡贤赵熙先生旧藏。彭先生大喜过望，忙检前卷，又有朱印四方，分别是"赵氏藏书""金光明室""赵熙""赵氏世家"，这下可以肯定为赵熙先生旧藏。再翻内页，又有更大惊喜，此书赵熙读过，或有批注、圈点，果然在内页里找到一两处，一看字体，为"荣县赵字"无疑。前面说过文人藏书有批注点评的更是价值连城，彭先生如获至宝。想当年此书躺于赵熙先生书案之上，于秋月桂香之夜，捧读于西窗青灯之下，读到醋畅时一样击节而起，如此想来，穿越时空，与先贤交流沟通，全凭此书，真是妙不可言也，此是后话。

甲午之年（1894 年），徐子休先生思念他的朋友赵熙，作了《怀尧生》一诗，可以从另一个侧面了解赵熙其人其事。诗曰：

双轮碾黄尘，素骥鸣道周。

尘飞眯人眼，尘高过人头。

日蒸五内熟，愿得山河秋。

况我正忧陶，离离万斛愁。

部娄不能高，碧树何修修。

因此想古槐，壮哉如龙虬。

宜南此第一，渺渺谁与俦。

叶落柯条森，叶生殿宇幽。

鸾鹤愿子亲，斤斧勿子雠。

良夜风雨来，飚若沧海流。

恨未弹鸣琴，哀响厉琳球。

愿保此素质，百世谢雕锼。

岁寒一回首，客路空悠悠。

1948 年秋，赵熙已值暮年，"意兴索漠，长日枯坐"。赵熙也清楚地感到自己活力不再，只能在家中的椅子上长坐不起。老先生在一个清晨跌倒，因肺炎而卒，时年 81 岁。赵熙墓现位于荣县北郊牛角山上，苍松掩映其间，面朝双溪湖，也就是昔日湖水淹没前的赵熙老家宋家坝。

林思进：清寂堂并不清寂

清寂堂是成都文人的向注之地

　　林思进（1874—1953 年），字山腴，晚年自号清寂翁，晚清举人。曾任内阁中书，成都府中学堂监督，四川省立图书馆馆长，1918 年接掌华阳县中校长，声名鹊起，历任成都高等师范学堂、华西大学、成都大学、四川大学教授，四川省通志馆总纂。1949·年后任川西区各界人士代表会代表，川西行署参事。1952 年任四川省文史研究馆副馆长。有诗文集存世，楹联言雅格高，以行文之法，不求字工。譬如：

> 灵槎果有仙家事；
> 紫箫来问玉华君。
>
> ——题青城山天师洞

> 天爵最尊，湛冥自贵；
> 大版为业，传诵无穷。
>
> ——自题门联

> 气怆岷峨，立墓几时来大鸟；
> 狱非刘柳，空山万古有啼鹃。
>
> ——挽杨锐

中国的近现代史真是变幻莫测，在巨大的变革中，蜀人总是以其超群的智慧和广博的渊识站立在这个舞台的中央，演出了一幕幕历史的大戏。林思进先生在四川近现代史上扮演了重要的角色。在2005年评选的四川100位文化名人中，林思进赫然在列。林思进著述甚多，其中有《中国文学概要》《华阳县志》（编纂）、《清寂堂诗集》《清寂堂文录》《吴游录》等书。

　　清同治十二年（1873年）林思进生于四川华阳。华阳是一处风水宝地，现今已融入成都。在成都近代史上，华阳不乏文化名流，林思进是其中的代表人物之一。林思进的父亲毓麟，是一个诗人，无心功名，曾著《澹秋集》。这位颇有风骨的诗人的诗作对林思进有很大的影响，林思进自幼聪明，在父亲的影响下很小就能将所思所想用诗来抒发，受到当时成都著名文人廖平、严岳莲等人的赞赏。有如此高人的指点，加上家学渊源，幼小的林思进有了很高的起点，为他能够成为成都的大儒打下了基础。

　　光绪二十九年（1903年），已经30岁的林思进在四川的乡试中考取举人，四年之后，游历日本回国的他在北京经过朝考，被授予一个并无职权的闲职——掌管文墨的内阁中书。在林思进所处的时代读书人出仕的风气已有所改变，赵熙、林思进、陈忠信、颜楷、方旭等人民国以后完全拒绝任何官职。武昌事起后，袁世凯授意罗致人才，赵熙遂走天津，又避居上海。1912年秋返蜀抵渝，此后与时政绝不相闻，寓居成都两年后，于1914年返回荣县。林思进也以侍母为名告假南归，不断有权贵征聘，但他绝意仕进，杜门不出。在这一点，林思进是否受到赵熙的影响而不为官已不可考，但他与赵熙的关系最为密切，这一点是得到公认的。

　　林思进收拾行囊打道归蜀，从此与官场告别，埋头典籍，教书育人。这一点他与赵熙同如一辙。1915年赵熙辞胡、陈二公履约，其复书云："仆来不能办事，徒以顾问位置，是何异使仆卖娼乎！在家令二妾治饮食，一老苍头应门，终日写字、作诗、饮酒，不履城市。可谓加人一等矣。"从这一段文字中可以看出当时赵熙的生活状态，他对时局已心如死灰，下定决心不问时事，这是当时知识分子共同的状态。

林思进的行为举止与赵熙大同小异。他回到成都后，都督蒲殿俊想让他入局。蒲殿俊为癸卯乡试解元，同林思进不仅为同年，且平时即有文字交往，即便如此他的请求仍然被林思进婉拒。又有故人营山进士、户部主事蔡东候先生适在成都，群推掌财政，这真是肥缺，但林思进笑道："我林思进三字岂可任黏油篓耶？"他人求之不得的职位被林思进风轻云淡地抛开。成都少了一位可有可无的官员，多了一位学识渊博的古典诗人与研究者。

由于同在京为官或入京参加科考，四川的这些读书人得以同乡或同年的缘故认识并结交。赵熙在京城就以同乡之谊与刘光第、杨锐、乔树枏、尹仲锡等交往。当时在京川绅彼此拜交，赵熙与林思进关系密切，他们连同陈石遗诸君子结社联诗相唱和。林思进与赵熙是诗友，林论赵诗为蜀中自东坡后一人而已，而赵亦推林为当今祭酒。民国后林思进经常在诗中回忆辛亥前在京师与赵熙唱和的情景。林赵二人确实互相欣赏，这种情谊维持了一生。

成都爵版街13号林思进的居所，就是一处川西园林，小桥流水，假山池塘，是浓缩的盆景，林思进自号"霜柑阁"。他晚年心境愈加淡泊，又号"清寂堂"，所谓"寂坐朗余心，旷然接佳友"。成都确实是一个藏龙卧虎的地方，在这里蛰伏了不知多少高人大儒，他们大多散淡隐忍，闲时喜欢一杯清茶谈玄，无数的思想闪电就是如此这般飘荡在成都上空。

当时的四川有许多全国知名的古典诗人，以荣县的大书法家赵熙和成都的大儒林思进最为知名，两人并称"林赵"。赵熙蛰居荣县故里，地处偏远，要前往拜访不易，因而游历四川的文人墨客来到成都莫不到清寂堂拜谒林先生。林家一时成为成都的文化沙龙。1914年赵熙返回荣县，到他逝世前曾四次到成都，来之后林思进作诗《喜赵尧翁来成都，宋芸老育仁招饮问琴阁为诗社，因作赠赵，兼呈芸老及同社诸子》：

白头嵯峨宋学士，茅舍鱼陂满生趣。

酤酒重开旧时社，作诗不悔平生误。

岂惟文采映乡邦，还向遗民说朝政。

在送别赵熙时，又作《江楼集送尧生，是夕闻雨，遥忆》：

此身忍说老渔樵，归兴悠然江上桡。

别苦世催人渐少，一回相别一回老。

在尹仲锡诵颂"一回相别一回老"之句时，众皆唏嘘。赵熙每经成都都要与林思进、宋育仁、尹昌龄等文酒过从，诗词唱和。林思进常有嘉会燕乐，他家"有宅一廛，园池俱具，曲径回槛，霜柑阁及双苹口馆错落其间，令节佳辰，辄召客饮，厨传精好，冠绝蜀都"。从这一段文字可以看出林家是一处隐藏在闹市中的别致园子，每到人日、重九、端午等节日，蜀中的文人墨客如庞石帚、李培甫、祝屺怀、赵少咸、曾孝谷、向楚、龚向农、吴君毅等都会来林思进的霜柑阁饮酒诗会。这批文人学的是竹林七贤，既然无心从政，便把闹市当作山林，所谓心远地自偏。每每沉浸于酒宴之中，一个个成了酒仙。成都的生活还算富足，真可谓锦城云乐。

林思进如此为世人所敬重，多赖其杰出的诗歌创作。前面说过林思进的父亲毓麟就是一个诗人，他对林思进影响巨大。陈寅恪的父亲，大诗人陈三立曾评价林思进说："才思格律，入古甚深。五古几欲追二谢，七言直攀高、岑，询杰出之作者。目前所知蜀中诗，似与香宋异曲同工也。"这种评价已非常之高了。

抗战时期，战区许多大学迁到成都华西坝上课，当时陈寅恪亦在华西坝，他是受燕京大学之聘来蓉的，同时受聘于华西协合大学中国文化研究所任特约研究员，所以得以拜望林思进老先生。当年在北京，陈寅恪的父亲陈三立以及陈石遗等一批京城名士结社唱酬时，林思进就是其中与他们很相知投情的一位。陈寅恪常听父亲讲起这些往事，早年亦读过林山翁不少诗文，对其道德文章深有了解，如今客居成都，林山翁便成为他真心钦佩、急欲拜访的前辈。关于陈寅恪的拜访坊间的版本很多，这里采用的是其中较为可信的一版。

林思进在每年人日——正月初七宴请友人，并叫得意门生前去协助接待。陈寅恪将要到访之日距人日仅有几天，所以等到那一天方才成行。到了人日这天一行人乘郭祝崧的私家车前往，林思进早晨8点就在他家大门外接待宾客。陈寅恪下车见到了林山翁便下跪磕头，口称"伯父"，并祝愿林老长寿。这是1944年在成都清寂堂发生的一幕，享誉四海的陈寅恪先生到来，以清华四大国学导师之尊尚行磕头大礼。这一举动使同往的人，以及在场的30多个林老先生的学生极为感动，也极为尴尬。多年以来，华西大学、四川大学等校的学生对老师都是鞠躬致敬，从不磕头。陈寅恪站起身后从包里取出亲自撰写的对联呈交林思进，联语曰：

> 天下文章莫大乎是，
> 一时贤士皆与之游。

林山翁对此连连摇头，说"这太过誉，我真不敢当"。自此之后陈寅恪与林思进多有交往。陈再来成都时，右眼早已坏掉，而残存的左眼也在华西坝失去了光明。1944年岁末的一天，正在家中的陈寅恪忽觉眼前一片漆黑，四周的物体越来越模糊。他陷入了糟糕的心情，为此选集昔人诗句为对联：

> 今日不为明日计，
> 他生未卜此生休。

将对联拿去请林思进书写悬挂，林予以婉拒，并劝慰陈寅恪："君有千秋之业，何得言此生休耶！"陈寅恪闻言，顿觉醒悟，1945年9月13日陈寅恪乘飞机离开成都，结束了他流寓成都1年零11个月的生活，前往英国治疗眼疾。在其后的20多年中，再向人提说林老批语，陈寅恪仍觉得备受鼓舞。

吴宓名满天下，到成都华西坝燕京大学任职，又兼职四川大学，却不敢怠慢老前辈，他先后两次去谒见林思进先生，对林的印象深刻。1944年11月19日上午近11点钟是吴宓第一次拜访林先生。他乘人力车前往清寂堂，身作长袍马褂，到林先生家里谒见。吴宓是一个爱写日记之人，翻开《吴宓日记》，吴眼中的林思进有此形貌："林先生年七十一，而精神健强，言动敏捷，衣服华贵，心思细密。"林老先生的穿着向来都是华服而又整洁，在这一点上他十分考究。吴宓在其日记中多次记述过他对所见之人衣着的印象，可见吴宓对别人的穿着也是很在意的。

清寂堂本是一处追求清寂的地方，却有这么多的文人雅士要到清寂堂去拜会林先生，搞得清寂堂一点也不清寂。其实林思进当年在北京就爱召集文人们聚会，彼时他早已归蜀心切，在一次文人聚会时潘若海先生还咏诗一首。

> 禊集及兹长，人物如永和。
>
> 林子蓄归思，日夜萦江沱。
>
> 不知青羊宫，花事今如何。

这次聚会是以春天"修禊"之名召集的。修禊，是中国古代的旧俗，每年三月的上旬巳日，人们照例要到水边聚集，为的是消灾祛难，以图吉利，在春天各种春游的名目很多，修禊便是其中一种。林思进召集的人有冒鹤亭、郑苏堪、罗揆东、陈石遗等。这些人不是诗人就是书法家，自然文思泉涌，要留下笔墨。林思进吟咏道：

· 33 ·

羁旅厌北尘，延赏眺南河。

愿循物化推，无为损啸歌。

大海扬洪波，弱国见欺凌。

苟无域外观，禹甸坐湮灭。

　　林思进早已想要归乡隐居，京城的生活已让他厌倦。其实初出巴蜀之时，他是颇有一番匡时救世豪情的，然而他更是一位才华横溢的诗人。当年他父亲不也是无心功名，一心只在诗作上，现在他同乃父一般的心情，要栖身成都终老一生了。那些仰慕他的文人们只好千里来蓉，前往川西平原上一片水网地带中的成都清寂堂拜会这位名思进，字山腴，别号清寂翁的先生。先生的号召力正在于此。

人民公园内四川最早的图书馆

　　成都过去的少城公园现在被叫作人民公园，因建有"辛亥秋保路死事纪念碑"而著称。到成都来的外地人或外国人喜欢在人民公园内喝茶，以体验成都人的生活方式。人民公园内有一栋古典建筑，周围种有 80 株松树，这一建筑就是最早的四川省立图书馆，又称八十松馆。在成都文化史上，此楼非常重要，它曾是国内为数甚少的省立图书馆之一。说林思进是图书馆的奠基人当之无愧。虽然此图书馆在清末便存在，但却只藏有一套《图书集成》，因此，林思进当初曾哭笑说，那不是图书馆，应该唤作"图书集成馆"。就是这一个去处被归隐故乡的林思进看中，诸多重入仕途的机会都被他一口回绝，包括蔡东候先生请他去统捐局主事，主管商贩捐税之事，皆不能够使林思进中意。要想做官在京城何其受用，既然返乡就不思肥缺。所以他说：

"闻有图书馆一职，倘尚需人，我愿承乏。"闻者皆笑先生"辞十万而受万"（孟子语）。

当初设立图书馆就是为蜀中学子着想，林思进从 1912 年上任到 1918 年的 7 年间，筚路蓝缕，精简人员，搏节经费，在少城拓地建楼……阿根廷文学家博尔赫斯曾将图书馆誉为天堂，林思进的心境与他一般，虽然隔着半个地球，又不是一个时代，但时空并不能局限文人具有同构的思想。林思进曾于此"饱读五载书，端绪乃得"。

辛亥秋保路死事纪念碑

1911 年美丽典雅的少城一角

对于林思进的任职，成都人抱有很大的期许。四川省图书馆在当年是一处重要的文化机构。当时建有如此规模图书馆的其他城市只有天津，在内陆的成都建立这样的机构，可以看出成都在文化设施方面并不落后。就任图书馆馆长之职期间，林思进有两年时间闭馆谢客。大小报馆便冷讥热讽，先生仍不动。有人讥笑："不是图书馆，乃是潇湘馆，不是林山腴，乃是林黛玉。"他们哪里知道，此间，林馆长裁汰行政，精简人员，聘请了资深学者祝彦和与韩德滋来馆，一个主中文部，一个主西文部。两年之后始开馆，群见藏书琳琅满目，汗牛充栋。书目已编就印出，核其数，古书有 30 万余册之多，善本、孤本、钞本与天津图书馆目录相较，尤出其上。洋文书报，亦颇不陋。天津图书馆是中国近现代最早的省级图书馆，成立于光绪三十四年（1908 年），开馆初期藏书近 30 万卷（册），有《直隶图书馆书目》32 卷。四川省图书馆开馆藏书就比天津图书馆多，且有自编书目15 卷。

林思进在《图书馆旧时园丁，腊日遣送梅花松枝，皆昔年手植也》一诗中深情地写道：

> 编校曾劳汗简青，谁从虚馆问图经。
> 忽看梅蕊争蛾绿，更喜松枝长凤翎。
> 点缀岁华成故事，殷勤剪送谢园丁。
> 十年种溉知何意，犹及新春对画屏。

林思进对于自己倾尽心力而创办的图书馆时时放在心上，军阀在成都混战，有危及图书馆之虞，林思进又赋诗写道：

> 手种松树真偃盖，眼看万卷欲成灰。

这是他对图书馆会毁于战乱的担忧。

生活在古典中的国学大家

七年横舍愧人师，临去情如倚席时。

1924 年，林思进辞去成都华阳中学校长时，华阳中学已成为四川中学中的矩范。林在这所中学任职 7 年，并先后在四川大学、华西协合大学、成都大学、成都师范大学等多所学堂任教，他回到成都之后的主要任务就是从事教育。作为华阳县立中学校长，他仅凭赵熙的一纸推荐信就聘没有任何学历的庞石帚到华阳中学任教，这就是林思进的决断力。庞石帚后来也成为大家，这与前辈的提携分不开。

林思进的人生中除了诗词、书法、精鉴书画，就是教育。林思进与国内金石、琴棋、书画等各界名家交谊深厚，相互之间的酬唱应和，笔墨交流，记载了当年的文化盛事。林思进与张大千是书画忘年，互相酬唱、题跋、写序等。1944 年张大千从敦煌归来，在成都提督西街豫康银行大楼举办"张大千临摹画展览"，并同时出版由谢无量题签，林思进作序的《大风堂临摹敦煌壁画第一集》。林思进在序中简述了张大千收藏丰富，见识深厚，乃是追根溯源，用夷变夏。

林思进一生与讲台有着不解之缘，出任过多所大学教授。1952 年，也即他仙逝的前 1 年，已经 79 岁的林思进仍担任着四川大学古典文学教授一职。

前面写过，吴宓对林先生衣饰华贵很在意，对他独有的气质也很欣赏，虽然都是唐装宋袍，但林思进比起状元骆成骧，或办大成中学又是华阳县人的徐炯先生更显高古。这位大儒坐在一辆私家黄包车上，车后跟着一个书童，手中还托着一副水烟具，出入于成都城中，还真是那个时代成都的风景。在打扮上能够与他平分秋色的恐怕只有徐炯老先生。徐平时上装是兰布长袍，青织贡呢马褂，下装是青布长裤缠足，白布短袜，青色便靴，足背至足尖有双梁，头上是平顶硬瓜皮帽。连大成中学的教师和学生的穿着也效仿徐老先生。与林先生和徐先生有一拼的恐怕只有蒙文通。蒙先生喜欢听川剧，杀馆子，酒量也不小。他在茶馆里指导学生，在茶馆的芸芸众生中，惬意地点燃他的长烟杆，边过烟瘾边聆听学生提问。如果学生的问题问得好，问得妙，蒙先生总会抚掌抬须，然后他的招牌式大笑声便会让茶水也震荡起来。

林思进不是一个人，而是一个群体，他们共同生活在成都这座历史文化名城之中，以如此的姿容出现在成都各大高校之中。林思进所教授的课目有"中国文学概要""史记""诗经"等。他曾向弟子陶亮生传授习读国学的机要。第一，需读大书。除正史外，《唐文粹》《宋文鉴》《全上古三代文》皆要过目，目要批识。第二，不逐风气。潜心用功，少发表作品。"多读书，少发表；先读书，后发表。不是发表，乃是发疯！廖季平、宋芸子诸先生，少作反多可观，晚岁撰述，直谵语耳！"当然，这只是学术上的分歧，并不影响他们的私交。时人都知道林思进与宋育仁之间的文酒过从很密切。包括吴虞自谓是与成都闭塞、顽陋风气宣战的人，被胡适称为"四川省只手打倒孔家店的英雄"，可谓开四川新风气之人，他在 1918 年 12 月初八的日记中写道：

三数年后，世界思潮弥漫中国，此等旧世诗文家必受天然之淘汰，当其冲者罗瘿公、陈石遗、赵尧生、林山腴诸人是也。

但作为林思进的友人，吴虞在《答山腴见赠》又云：

闭户好修高士传，补天尝笑古人才。

与那些著作等身的学者不同，林思进身后只为世人留下了两部专著、一本文集、一册诗集、一部藏书目录。那个时代蜀学是很兴盛的，出现了一大批有名望的大成就者，廖平、向楚、刘咸荥、宋育仁等人为海内所注目。在这些人中林思进亦是集大成者，许多研究者都是他的学生，他们在研究中得到过他极大的帮助，所以在取得成果后多有对这位前辈的感激，桃李满天下的林思进在四川享有崇高的地位。尤其是他独具风格的书法，在行笔上抑扬有致，将圆转和方峭融合在一起，表现为一种清风徐来、波澜不惊、自然旷达的意境，空灵而又通透，得到无数文人墨客的赞许。

作为蜀中老一辈的文人，五老七贤大多都是书法大家，尤以谢无量、赵熙等为最。颜楷也是集大成者，还有吴之英和宋育仁，当然，也少不了林思进。

唐装宋袍的林思进坚持不穿中山装，其实这只是外表，他的内里对新生事物并不排斥。在装束上守旧成为当时他受人诟病的原因。他的小儿子一身洋装他也看不惯。当时小儿子从上海毕业返回成都就受到林思进的指责，要他"直欲呼归守门户，蓬头见客又何妨"。如前所述，连他的好友吴虞都毫不留情地批评过他。其实，他对西方文化并不排斥。1924—1950年，共有26年的时间，林思进的执教生涯都是在华西协合大学度过的，期间只一度短暂离开。华西协合大学是由英、美、加三国五个教会创办的大学，西方思想十分浓郁，如果对西方的东西全盘抵触，那他的行为就真的难以解释和理解。1933年9月，林先生还提笔为华大撰写了校歌一首。其中吟道：

欧亚交通，文轨新同，邕邕壁水宫。

东方有圣西方圣，大道一齿堪通。

昭德方期四门辟，广乐岂限华风。

这歌词保守吗？一点也不保守，而且开明豁达。从中可以窥见，作为古典文学家的林思进深刻明了如果将优秀文化比作阳春白雪的优美之音，此般仙乐在西方同样存在。因此他说"东方有圣西方圣"。从这首华大校歌的前后文字中，不难看出林先生期冀打通中西文化的美好愿望。他所弹咏的这首歌词一点也不冥顽不化。所以，并非穿了唐装宋袍，戴着瓜皮帽的就是守旧派，西服革履之人保守的也不少。不能以貌取人，林先生就是一个范例。就是如此这般的一个老翁常常坐在私家包车上出入于成都城内城外和成都各大学之间，还时不时诗兴大发，吟诵几首，这确实可以给这座城市平添些许诗意。

晴日荡阊阖，适野愈妍明。

台观起参差，丹艧徇峥嵘。

金锥一以直，绿芜四望平

……

海隅教可通，吾其为老更。

华西坝是成都著名的风景区和人文景观，这里的校园风光惹得诗人意绪高昂，他对中西合璧的经典建筑欣赏有加，他坚信中西文化可以相互借鉴，他"吾其为老更"——甘愿为此事业做一名勤勉的更夫。林思进在成都一直住在爵版街这处被叫作清寂堂的宅院，中华人民共和国成立后他担任四川文史馆副馆长之职。

1953 年 8 月 1 日，一代耆儒林思进走了，成都一名勤勉的更夫走了，这一天正是旧俗端午节之后 7 日。

宋育仁：近代史上睁眼看世界四川第一人

宋育仁生于清咸丰戊午年（1858 年）12 月 27 日，卒于民国二十年（1931 年）12 月 5 日，字芸子，号芸岩，晚年号道复、復菴，出生于四川富顺县大岩凼倒石桥（今自贡市沿滩区仙市镇）。光绪己卯科（1879 年）举人，光绪十二年（1886 年）进士，授翰林院庶吉士，改任检讨。

宋育仁

从五岁开始宋育仁便在宋氏家祠读小学，请的是塾师坐馆，所授均为旧学。宋育仁学习十分勤奋，时常通宵达旦，把书中重要的章节抄录下来，贴在书房墙壁上，往复诵读，久之则贴满四壁。某日从祠堂学堂放学回家，宋育仁因背诵课文走错了方向，结果走到了离家十余里外的大田湾。宋育仁的童年同其他有成就的学子一般无二，都很刻苦。

宋育仁 14 岁父母双亡，随堂伯父宋时谌到广汉就读。1876 年，19 岁的宋育仁入四川学政张之洞主办的成都尊经书院。尊经书院几任山长对宋育仁都十分器重，尤其是湖南湘潭人、清末大儒、第三任山长王闿运"通经致用"思想对他的影响尤为突出。王闿运在四川办学8年，培养了宋育仁和杨锐、廖平、吴之英、吴虞、张澜等高足。当时要考入尊经书院并非易事，在全省选送的3万余名生源中择优录取了100余人，真可谓百里挑一。多年后宋育仁回到尊经书院主讲，设伦理、政治、格致三科，生徒最盛。

1880年，23岁的宋育仁初次进京会试不中，次年堂伯父宋时谌的夫人陈氏病故，宋育仁为报答养育之恩为堂伯母守制三年，错过了1883年的会试。这三年宋育仁并没有荒废学业，通过不断思考写出了《周礼十种》，其中《周官图谱》为托古改制提出蓝图。明通复古，重在变今。这影响了康有为，他的《新学伪经考》和《孔子改制考》中的托古改制思想即源于此。

宋育仁29岁中进士，授翰林院庶吉士，但有革新思想，被翰林院掌院徐桐视为狂才，郁郁不得志。在此后的五年期间，"新学巨子"宋育仁写成了《时务论》和《时务论外篇》，倡言向西方学习，提出"君民共治"，引得朝野注目。《守御论》是这一时期宋的又一部有影响的著作，他分析了中国周边，从西南到东北的危险和应对措施，认为抗击日本光靠海军是不行的，必须有陆军的配合，何况日本学习西方变法20年，励精养锐，不敢同西方列强争斗，只敢在东方逞强好勇，想趁我方处于虚弱的状态存灭我之心，我方应陆海军相互配合，跟倭寇进行持久战。

光绪二十年（1894年），37岁的宋育仁以参赞职随公使龚照瑗出使英国、法国、比利时、意大利等四国，驻伦敦。通过对西方各国的深入考察，写成了《采风记》四卷，这对打开闭关锁国的清廷国门，引进西方思潮起了很大的作用。根据对西方社会、经济、政治制度的考察，宋育仁积极策划维新大计，提倡民主共和，又多次书奏清廷献"围日之谋"和"防俄大计"，广泛地交往各界名流，还经常出入英国议院、学校、工商各界。这一切都丰富了宋育仁维新变法的思想。

宋育仁是五老七贤之一，也是四川学人中最早睁眼看世界的人。

宋育仁在《采风记》一书中将西方诸事介绍给国人，在当时风行一时，连蔡元培先生也对《采风记》大为钦佩。但宋育仁在以后的岁月中日渐保守，再没有当年言西学的锐气了。难怪张秀熟在回忆五四时期的四川时认为五老七贤是清朝遗老的代表，在青年学子的眼中，五老七贤是老古董，宋育仁已老得霉臭。

1894年发生了中日甲午战争，公使龚照瑗回国述职，由宋育仁代其职务。清军兵败平壤，黄海海战失利，宋育仁突发奇思妙想，他希望能出奇兵，直捣日本腹地反败为胜。宋育仁不仅有想法，还有行动，与使馆参议杨宜治、翻译珏镐等密谋，购买英国卖给阿根廷、智利两国的兵舰五艘，鱼雷快艇十艘，其他辅助舰艇若干艘，招募澳大利亚水兵2000人，组成水师一旅，托名澳大利亚商团，以保护商队为名，自菲律宾北上直攻日本长崎和东京。这种奇想也只有宋育仁能够想出，他是一个思想家，不仅有许多著作问世，也总能产生许多奇思妙想。

这个计划看似异想天开，但并非不可施行。澳大利亚和英国两国商会有自募水师保护商旅之权。在中日发生战端之时，澳大利亚距南洋最近，所以引起的震动最大。当地商会提议组成一旅水师保护其利益。这正是一个机会，可以乘此购得一旅之师，假名是澳大利亚商会所为，仍挂英国旗出海，可以掩人耳目，不露踪迹，神不知鬼不觉直捣黄龙。

宋育仁开始实行他的大胆谋略，一面报请清廷批准，一面争取国内封疆大吏的支持，与两江总督刘坤一、张之洞等人联系。宋育仁又与美国退役海军少将侠甫士、英国康敌克特银行总经理格林密尔等商定，由中国与康敌克特银行立约借款两百万英镑、战款一百万英镑，以支付军舰、弹药等费用。这支海军由曾经做过中国北洋水师提督的琅威里少将统领。宋育仁只是一介文人，却能在短时间里将一切事宜办妥，已是炮械齐备，眼看就要成功，一旅有力的海军整装待发，而在短短的时间里清廷还没有通过正式渠道获知宋育仁在欧洲的活动。

在公使龚照瑗返回欧洲之后，一切努力前功尽弃。龚照瑗查知此事，认为这是妄为生事，并电告了清廷。此时中日正在议和，李鸿章坚决反对宋育仁等人的做法，慈禧也认为这是妄生事端，立即下旨将购船募兵事宜作废，用精悍水师攻打日本的计划在他们看来多么荒唐。战事败局已定，1895 年 3 月，清廷与日本签署了丧权辱国的马关条约，同时电召宋育仁速回国。可以想见心怀大志的宋育仁当时的心情，他只能痛哭失声，望洋兴叹，无可奈何。如果这一计划得以实施并得到清廷的鼎力相助，历史可能将会改写。但历史就是历史，没有如果。

含着悲愤心情回国的宋育仁在途中写下了《借筹记》，详细记述了整个事件的经过，以表壮志未酬之情。这件事在关于甲午战争的史书中大多没有记载，当时知道详情的人并不多。战后清廷准备秋后算账，但这一事件牵连的人有朝廷的重臣，还牵涉到外国人，并得到许多人的同情。因此，清廷对处理此事也顾虑重重，最终也只能不了了之，不再深究，只是收缴了宋育仁出使欧洲时所赏赐的二品顶戴，降回四品原职，回翰林院供职。一件本可以载入史册的大行动大计划就此了结，并悄无声息。

1896 年，39 岁的宋育仁准备实业救国，毕竟，一招不行，再来一招。对于宋育仁来说，正当壮年，还不到停息的时候，他要行动。他在四川各地兴实业，因熟悉外洋工商之学被举荐回川办理商务、矿务。他在重庆设商务局，推动开办了 33 家公司，促进四川民族资本主义工商业发展。但这一时期他最有成就的事情是着手创办宣传变法维新的报刊。1897 年 10 月，他联络杨道南等在重庆创办了四川第一家报纸《渝报》。其影响很大，年轻一代受到冲击，在重庆培育了许多拥有新思潮、新空气的新人物，领一时风气之先。宋育仁被誉为四川近代工商业创始人和报业鼻祖。

1898 年宋育仁又来到成都担任尊经书院山长，与廖平、吴之英等创办蜀学会，创办《蜀学报》，与京城的维新派刘光第、杨锐等遥相呼应。宋育仁将尊经书院变成了宣传维新思想、培育维新人才的大本营，他不仅讲新学，设新课，还推动各地兴办新式学堂，使四川各地的学子接受新式教育。在这一时期宋育仁还处于新思潮先锋的地位。

一切都在 1898 年改变，戊戌变法失败，到处血雨腥风，刘光第等六君子惨死北京菜市口，全国各地的维新运动也被废止。宋育仁被罢黜回京。庚子事变后，清廷实行新政，派五大臣出洋考察政治，于上海设编译所，令宋育仁总其事。在以后的多年，宋育仁担任过许多职务，大多与教育有关。

1910 年，53 岁的宋育仁出任京师大学堂（北京大学）经学、文学两科教授，月薪 200 银圆，待遇不菲。其收入大大超过外籍教师，仅次于校长。以此可以看出宋育仁学术水平高深，并得到社会各界认可。当时 200 银圆可买北京一个四合院，可以想见宋育仁的生活还是相当滋润的。但这一切并不能使他满足，他毕竟是一个不能安于现状之人，他有那么多的理想还没有实现，他是抱着远大的抱负进京的，总想干一番大事业，但总是一事无成。

1912 年民国建立，清帝退位，处于朝代更替时期的宋育仁无所适从，他从北京率领全家迁居到了江西的道教圣山茅山，栽桑种麻，处于隐居状态。关于这一段生活，有关的记述甚少，但可以想见的是，处于社会大变革时期引领新思潮的他真的可能归隐山林吗？栽桑种麻绝不是一个思想家和行动派人士最好的归宿，只能是无奈之下的一种消极选择。

1914 年归隐的宋育仁的情形便发生了改变，王闿运任民国国史馆馆长，袁世凯批准了王闿运的呈文，任命骆成骧为纂修，宋育仁为协修，后又聘为纂修，代馆长王闿运主持馆务。但宋育仁撰文骂袁世凯为王莽。11 月 17 日，步兵统领衙门以宋育仁有"主张变更国体，还政清室"之嫌疑，传署询问，当即被捕。后由警察厅派警官赴其寓所检查，起出信函文字。后又声称宋育仁"年老荒悖，精神瞀乱，食古不化，托为文字之发为；别有用心，尚无着手之实据"。11 月 23 日，袁世凯将宋育仁关入军营，几天后又觉不妥，加上宋育仁向袁世凯呈文称"夙愿怀田，请为农夫……"，内务部呈准将宋育仁递解回籍，并吩咐沿途地方官员优待，着四川督军严加看管。

其实宋育仁一路返川好不春风，他 11 月 30 日晚动身，12 月 28 日抵达重庆，巴县知事周宜甫将他迎接上岸，好酒好菜招呼。时年宋育仁已出衰老之貌，只有精神尚好，毕竟已近 60 岁的人，像照片上显现的一般，头蓄长发，扎着一个发髻。些许年来，经历了这么多的事件，几经沉浮，精力耗尽，能不老乎？随他一行的有 3 个儿子和一个姨太太及一个女儿。在重庆时求字者甚多，1915 年 1 月 15 日由重庆起程返回成都，临行前一天，从早到晚给人写字，一点空闲都没有，可见名气之大，崇拜者之多。回到成都更是如鱼得水，门生众多，上请下迎，就连督军陈宧都亲自上门问候，并无严加看管之说。

此后又发生了一件大事，1916 年袁世凯准备称帝，他授意杨度等人成立筹安会鼓吹帝制，派成都知县找到骆成骧怂恿他担任川、滇、黔筹安会会长，却被骆成骧骂将出去，又授意陈宧请宋育仁牵头，纠结绅耆劝进，被宋育仁当面严词拒绝。宋育仁考虑此举会再次惹恼袁世凯招来杀身之祸，于当天晚上连夜逃往雅安名山县蒙顶山吴之英的老家躲避。宋育仁一向与吴之英交好，在吴的老家他有吴之英相陪，四处走走看看，心情很好。蒙顶山是产茶之地，宋育仁喝到了上好的川茶，又同吴之英纵论天下大事，把酒言欢，好不快活。多年来宋育仁一直上下奔走，无空闲息，这次避难，成了他少有的放松时节。

宋育仁从雅安返回成都后，定居少城锦江街，并在东山建东山草堂，这一年他已 59 岁。东山在成都东郊，草堂建在当局赠予的丘陵坡地上，宋育仁自嘲：

凭将万字平戎策，换得东山种树书。

也有记载宋育仁晚年居住在成都忠烈祠街，大门两侧有石刻金字对联：

　　　　种柳栽花还带印，到门深辙为停琴。

　　五老七贤中另一个住在忠烈祠街的就是尹昌衡，尹的公馆叫止园。

　　此后的宋育仁专心从事教育和著书立说，先后担任成都国学学校校长、成都国学会会长、出版《国学月刊》，宣讲国学。他一直执着传递文化薪火，直到1931年去世，他主要纂修的清嘉庆以后唯一一部《四川通志》及《富顺县志》《大邑县志》，都是不朽之作。

　　远离了京城喧嚣回到成都的宋育仁重回故地，发现这里已经是改朝换代，物是人非，他并不孤单，他身边聚集了一大批绅耆，这批人大都在前清取得过功名，又以学识渊博闻名。他们受的是中国传统教育，其中有状元、翰林，也有曾经官至二品的朝廷大员，为了维新也曾四处奔走，后来大多倾向于君主立宪。在辛亥之后他们无心仕进，卸下了官位职衔后陆续回到四川，也有早就绝意仕进，一心只在文教之人。这些人汇聚在成都，加上当局又要依靠这些德高望重的社会贤达沟通民意，抚慰地方，便形成了"五老七贤"。在以后的多次重大事件中，作为五老七贤的宋育仁都站出来为成都百姓代言。

　　1917年罗佩金和戴戡先后与川军刘存厚部在成都发生巷战，上百条街道陷入一片火海，毁坏民房数千间，民众死伤近万。这激起了老百姓的愤怒。宋育仁、陈钟信、徐炯等蜀中名流联名致电中央政府，呼吁滇军归滇，川军保川，又发出《绅耆告军民各界书》，站在四川老百姓的立场上发出自己的声音。1917年滇军入川时就有报纸发表评论认为，在四川发生变乱之际，川中绅耆无不发其爱护桑梓之心，悯恤同胞之念，或通电申请，或出面调停，待乱事平定之后，又积极拯救难民，所以老百姓对五老七贤仰之如泰斗，倚之为屏障。在这一时期的活动中都有宋育仁奔走的身影。

1919 年，川军和滇军发生矛盾，在熊克武的邀请下，五老七贤联名发出快邮快电，呼吁双方克制退让。1922 年，川军一、二两军联合排挤督军刘存厚，兵临成都城下。刘已做好逃跑准备，但碍于面子，仍做出打巷战的模样。五老七贤认为成都即将遭受浩劫，便齐集北校场督署，要求刘存厚以全城人民的生命财产为重，不要进行巷战。经过三天的奔走，刘存厚顺坡下驴，带着他的督军印信离开成都而去。五老七贤之中与川军将领或有师生情谊，或为某方势力的座上宾，所以各方都要给面子，加上他们的极力斡旋，使成都这座古城少遭受了许多劫难。

其实，在川军内部发生冲突，战斗才刚挑起来的初期，宋育仁就曾以中国红十字会四川临时妇孺救济会会长的名义，联同骆成骧、文龙等人致电各方要求"划出红线，自决胜负，不得借此攻城略地，殃及人民"。由此可见，五老七贤处于 20 世纪初社会大变革的年代，因改朝换代，他们抽身而退，内心无欲无求，剩下的都是造福桑梓的责任，但凡成都有难，他们便不遗余力地出面出头，在军阀混战之际，多次起到缓和安定各方冲突，维系和平和保护老百姓利益的作用，所以深受百姓拥戴。更重要的一点是他们不屑于封拜当官，也不接受任何人的馈赠，人格是独立的，所以凡有看不惯的事情就愿意站出来说话，让小老百姓得利，而令当权者怕"老头子"们说话。

谈到宋育仁的晚年，除了为民请命就是办教育，但所主讲的课程几乎都是国学，并提倡尊孔读经。之前他还是四川睁眼看世界第一人。到了晚年，在新文化运动兴起之后，在清末倾向维新，写过《采风记》等著作的宋先生思想日益倒退。曾经的新派人物、思想新潮的精英成为顽固守旧之人，走到了时代潮流的对立面。1929 年成都《快报》上刊登了一份《成都一百名人表》，内中将徐炯、方旭、尹昌龄、曾鉴、陈钟信、宋育仁都称为"遗老"。

宋育仁于 1931 年 12 月 5 日辞世，葬于成都东山。四川富顺贡士欧阳国群的一副长联足以对这位四川开风气之先的一代学者的一生加以概括：

　　论使节曾经万里，论离忧直过三闾，元遗山回首前朝，问今日衣冠，是何年代；

　　惟著述自足千秋，惟声灵合附九老，苏内翰早醒春梦，怅昔时耆旧，尚有典型。

尹昌龄：慈惠堂的慈善事业

尹昌龄（1869—1942年），字仲锡，晚号约堪，四川华阳人。五老七贤中华阳人不少，曾鉴、颜楷、徐炯和林思进都是华阳人，包括本书写到的修劝业场的樊孔周，在成都办实业之先，也是华阳人。其实尹昌龄先祖自湖南武岗迁蜀，始居郫县，祖辈来成都经商，遂入华阳县籍。尹昌龄在清光绪十四年（1888年）中举，清光绪十八年（1892年）入翰林院，散馆选为庶常。他在陕西为官，当过多地知县、知府，在任所干了许多好事，为政清廉，到了民国，仍有"尹青天"的称呼。他历任陕西白河知县、长安、渭南、咸宁知县，继升任邠州、商州知府，兼摄凤翔、延安和西安知府，对陕西各行各业诸多新政累有建树，被誉为"八局知府"。从这些走马灯似的换任可以看出，尽管尹昌龄在任所为官任劳任怨，但当的都是小官，并没有升任显赫的地位，在那个年代并不是为官清廉就可以步步高升的。

尹昌龄与五老七贤中的徐炯、曾鉴是拜过把兄弟，互换过兰贴，因而尹昌龄与徐炯关系密切。戊戌政变后徐炯写文章讨伐慈禧，老佛爷大怒，下诏抓捕这个大逆不道的叛贼，徐炯逃避到陕西投靠尹昌龄才幸免于难。

尹昌龄有如此出息与他的父亲分不开。其父培墉因读书而增长了见识，因贫穷学习经商，非常能干，由商号的伙计成了股东之一。东家的生意越做越大，从成都做到川东、重庆、汉口，尹父培墉成为了汉口的掌柜。培塘节衣缩食购书至家让两个儿子诵读。两个儿子中次子即是尹昌龄，后入学成了秀才。商号股东做别的生意亏折，将总号拉垮，负债累累，由各股东摊赔。尹昌龄的父亲培塘被债主追债除夕都不敢回家，但尹昌龄兄弟二人越是生活贫困越是勤奋学习。不久，尹昌龄考中乡试，令债主宽限债务，再中进士，入翰林，得到各方资助将父债还清。

入翰林院之后还得学习三年的朝章国故，经过大考然后散馆（毕业），分等第，授编修、检讨等职，然后一路爬上去，坐到卿相。但家里贫穷的尹昌龄愿意外放，在各省当一名知县，在外地做官可以救贫，额外的收入比在朝内做官多，不似朝官那么清苦。一生清苦的尹昌龄可能是穷怕了，所以执意外放，没有留在京城，这正是一般穷苦家庭的孩子的选择。

想要外放也并不是那么容易的，必须要在试卷上写以俗字或简笔字，即破体字，被阅卷大臣朱笔一抹便不及格。阅卷大臣大多由宰相、尚书之流的阁老担任，怕他们年老眼花看不见破体字，尹昌龄特别将破体字写得特别大，这样被阅卷大臣一眼看出，大笔一挥，立刻降级，尹昌龄由此被分发到陕西"知县即用"。这正中他的下怀，穷人家出生的他在京城里纠缠不起，京官只有薪俸，别无收入，尹昌龄还要替父还债。

但他去的陕西白河县地处陕北，地本苦寒，连年灾荒，匪多民散，并不是一处收入丰厚的地方，这与他外放的初衷相去甚远。所以世界上的事情总是悖反，为了逃离贫穷却深陷更加的贫穷。但尹昌龄治理有方，不一年就大见成效，他能吃苦，同当地百姓打成一片，而且为官清廉，虽然身负重债，做人定有自己的原则。因此他受到户部岑春煊、藩司樊增祥器重，很快升任，能名著于陕西。

他断官司、断讼案更是秉公持正，丝毫不苟，所以在朝廷调能干的官员进京观摩袁世凯在小站练兵秋操时，时任渭南知县的尹昌龄就被调派去观摩了一次。任知府时又调派了一次，不只使袁世凯知道了他的大名，还曾经得到皇帝赏赐的"大肉之赐"。皇帝赏你吃的肉菜并不只是一碗肥肉，是受到重视的一份荣誉，表明你的前途光明，是要受到重用的前兆。可惜只是一个兆头，并没有给尹昌龄带来实惠。

正因为尹昌龄名声在外，满洲的亲贵们知道他很可能会升擢，便私下里派人向他索取贿赂，以便在皇帝面前替他吹嘘，尹昌龄爱惜自己的清白之名，不肯行贿，很快回到陕西任所，不肯在京打点，亲贵们索贿不成，便从中作梗。以后多年，尹昌龄虽然因为成绩卓越受到保举，却由于清朝整个政局黑暗，尹昌龄也不是总能遇到赏识自己的上司，所以始终不能再升，做知府一直到清廷灭亡。这是生活给尹昌龄开的一个天大的玩笑，仿佛在驴子眼前绑的胡萝卜，可望而不可即，永远吃不到嘴里。

然尹昌龄我行我素，任一地官长就十分尽责。他在光绪二十七年（1901 年）8 月，33 岁时从邠州知州离任到商州任知州，下车伊始便看出此地闭塞落后的根本原因是教育不兴。尹昌龄手书的《创办商州中学堂碑记》对他创办陕西省最早的中学"商州中学堂"一事加以记载。在碑文中他写道：

商州土风不振，弊在无书无师。书院徒存空名，其弊又在无款。虽欲礼罗名俊，讲舍宏开，计无所出，束手而已。

尹昌龄开始重教兴学，带头捐钱。在一个贫穷的地方，要筹到办学的款项实在很难，待办学之资筹集得有了一点基础后他十分欣慰，极力选拔德才兼备之人来管理学堂，并预想商州从此迎来百年不衰的发展。能够认识到教育的千秋伟业是为智者，尹昌龄在商州当知州办了很多事情，但时过境迁，能够流传下来的并不多，唯有他倡办的商州中学堂至今仍在，这就是商洛中学。这所学校本身仿佛就是一座丰碑，是对倡学者最好的纪念，在当时也得到陕西巡抚允升的嘉奖，通令各府、州、县视为模范，以至于在陕西各地兴起办学热潮。

光绪三十年（1904 年）尹昌龄出任凤翔知府，他在任所不仅兴办教育，还大力提倡栽桑养蚕，提倡耕织，其实也是解决百姓疾苦，由此，凤丝凤茧名驰遐迩。

他还经常微服出访，对于不孝子弟，以强欺弱、赌博吸烟、巧取豪夺等不良行为严加申斥，情节严重的还要笞责，所以懒惰闲人一听尹大人来了便躲得无影无踪。尹昌龄在商州除了办教育就是种桑树，正应了曾国藩的话："地瘠多栽树，家贫勤读书。"

庚子之变时，慈禧太后和光绪皇帝逃至西安，供应浩繁，西安知府胡埏办不下来，尹昌龄时任凤翔府，在胡埏的请求下请他兄长尹元理来支援。两宫回銮，胡埏升道台，赴安徽，尹昌龄则调首府，可见慈禧知道了他。

辛亥革命爆发后，尹昌龄离开陕西返回四川成都。时尹昌衡任四川都督，尹昌龄在陕西为官名声很好，1913 年尹昌衡请尹昌龄出任四川内务司长。1914 年 11 月又经政府再三慰勉，袁世凯电促尹昌龄晋京，受命为黔中道尹。贵阳巡按使刘显世也很敬重尹先生，尹昌龄因此援引了许多有才能的川人在贵州做县知事，促进了川黔两省的交流联系。

1916 年 2 月护国战争以后，贵州政局易人，尹昌龄于 3 月 17 日返回成都。蔡锷率军从云南到贵州，听黔人称颂尹先生，及入成都对尹昌龄十分器重，时时请教。离开四川时将事务托付给戴戡，嘱咐戴戡必请尹先生为政务厅长四川的事情才能办好。戴戡多次登门，尹昌龄不出。徐炯与尹昌龄结拜过，呼为三哥，力劝尹昌龄为川人着想，不妨一试，尹这才就任政务厅长职。1917 年 6 月 13 日尹昌龄辞去厅长职。尹昌龄任职起起伏伏，一次因戴戡安插几个人做县知事，没有得到尹昌龄同意便定了下来，尹便称病要求去职，戴百般道歉这才暂时留任。又因戴戡与督军罗佩金有矛盾，军政不合，尹亦辞职而去。而后局势大乱，戴战死。这就是那个时代的特征，朝秦暮楚，变化异常。尹昌龄不是不想出来做事，但时局太乱，尹昌龄也无力回天。

7月刘存厚又特请他担任政务厅职，经绅耆力劝就职，8月即辞职，去职甚坚，从此不再出仕。1924年邓锡侯曾邀尹昌龄出任政务厅长，尹昌龄坚决致电辞去。由此可以看出尹昌龄本来是有抱负的，想为民办一点事情，但政局不定，军阀你争我夺，办一点事情的愿望很难实现。尹昌龄并不愿意委曲求全，所以，当了辞，辞了又当，在一个职位上去去停停，终不能如愿，于是心灰意冷，干脆不思仕进，做野鹤闲云。

尹昌龄在外面为官30年，回家后竟无房产，靠租房居住，可见他的清廉。这一时期他写过不少川剧剧本，流传很广的有《离燕哀》，还有《龙舟会》《五人墓》等。五老七贤中有剧本流传至今的还有赵熙，著名的是《情探》，由此可以看出他们深厚的文学功底和文字功夫。1923年尹昌龄应允出面办理慈惠堂，可谓他一生事业的转折。市政督办陈光藻认为办慈善事业，要有实惠，不是虚名，官办不如绅办，所以要尹昌龄出来主事。

慈惠堂创始于前清道光、嘉庆年间，有说创于雍正之初，是成都最大的民办官助的慈善机构，总部设在慈惠堂街，原有前、中、后院和西院。要找到慈惠堂，只要走到布后街尽头，临十字路口，若直走，便是慈惠堂街，虽不在线上，但应知悉街右边一大宅，门上挂金字匾"慈惠堂"便是。原此为官办慈善机构，民国改为民办。有田二百亩，也有记载为三百亩，加上政府拨的救济经费五六百元，可以养活鳏寡孤独残疾无依无靠者三四百人。但政府监督不力，救济经费逐渐挪作他用，主办者随便敷衍，多为私利是图。育婴堂有婴孩80余名，营养不良，300名鳏寡孤独每天只能吃两顿稀饭，一个个面黄水肿，奄奄待毙。

尹昌龄起初并不愿接手这个摊子，鉴于过去曾奂如主持筹赈会时，银圆化为废纸惹得穷人怒骂，他不肯重蹈覆辙。听说尹昌龄不干，其他一些"名人"纷纷出来钻营，想要染指慈惠堂，都被陈光藻谢绝。陈光藻认定了尹昌龄，天天上门叩请，闹得尹昌龄哥哥尹元理不得清静。尹元理知道弟弟的秉性，激将他说：

"你性情固执，惹得外面一些闲话，说你尽管有尹青天的招牌，可是五十几岁的人了还无后人，只怕有些缺德的地方。"

尹昌龄问："从何听得？"

尹元理知道尹昌龄最佩服徐炯，便答："徐三哥听到的。"

尹元理进一步分析说慈惠堂有田养几百孤寡，眼前的公益事你都不肯做，一旦被军方提去，则那些孤寡必将饿死。这话果然起到了激将的作用，尹昌龄挺身而出来办慈惠堂。

尹昌龄在慈惠堂不支分文薪水，每天中午自掏腰包只买两个铜板的红苕充饥，却精打细算将鳏寡孤独的伙食由每天两顿稀饭改成了三顿干饭。慈惠堂的果园就在尹昌龄家附近，他每天都要经过却不肯摘一个，而要留给穷人。每天公事毕都要回家吃饭，如果不能回家吃饭也让家人送饭，从不在食堂吃饭。尹昌龄晚年养了两只小狗，随时跟在他身边，一天食堂的人给狗喂食，尹昌龄得知后将其斥责。他居住的房子非常简陋，连地板也没有，朋友去看他，说你年老了，没有地板湿气太重，何不把这房间装上地板？尹昌龄说："堂长要养这么多人，经费又有限，我怎么忍心花费公款，来图我自己的舒适呢。"

他的饮食起居尽量从俭，1941 年女儿出阁，一时手头紧，朋友劝他何不把慈惠堂存在银行里的款子暂时挪用一下，尹昌龄正色道："我的是我的，怎能混淆？嫁女是我家庭里的私事，与慈惠堂何关呢？例子是开不得的，我开坏了例子，我便成了我办的事业的罪人。"

尹昌龄就是这样公私分明，所以赢得了人们的敬重，愿意把财产捐给慈惠堂，他们信赖尹昌龄崇高的人格，能够把每一分钱都投入到慈善事业，绝不会有一分一厘私用。

慈惠堂事业一天比一天好起来，老百姓信任，捐助者也越来越多。1925 年 12 月，成都市市政公所决定将育婴堂、济贫工厂、普济堂、幼孩厂等四处，委托本市及旅居之慈善绅商组织董事会，监察督课，以共谋救恤事业之发达，成立成都市救恤事业董事会，照会绅耆们，由尹昌龄为救恤事业董事会主任。这实际上是将慈善机构合并入慈惠堂。育婴堂、孤儿院都由慈惠堂接管了。

在吃饱了的情况下，尹昌龄逐渐把消费机构改造成生产机构。跛者，可使守门。耳聋的就使习乐。男编筐，女缝纫。慈惠堂逐渐兴办了三四十个生产服务机构。

慈惠堂养的人越来越多，所生的财也越来越大。慈惠堂办得好，连军人也愿意来捧场效力。尹昌龄以他高尚的品德，任劳任怨地为慈惠堂办事，到处为其争取利益，为孤儿弱女们庇护。成都凤凰山是清末新军的营房所在，有陆军公园，规模宏大。赖心辉任省长时准备另建营房，将旧营房拆除，房料堆积如山，赖心辉命整个送给了慈惠堂。尹昌龄利用这些木料在外东大田坎一带修成一条街，开设了不少商店，慈惠堂发了一笔财。

另一件事情就是开办火柴厂，周孝怀任劝业道时，在九眼桥附近办过火柴厂，这是清末时的事情，到了民国，房子已破烂，是一处军营，尹昌龄向掌管军队的杨森说可否将这所破房送给慈惠堂搞生产，杨森应允，立即命令军队迁让，也算是做了一件好事。开办工厂需要大量资金，尹昌龄作难之际，便有几个打着支持慈善事业招牌，实际想要从中牟利的军人来说：听说仲老要办火柴厂，缺少资金，我们愿意投资集股，成全这事。尹昌龄问：你们投资的目的安在？军人说按股分红。尹昌龄说：你们入了股，把赚的钱分了，鳏寡孤独还吃什么？军人们无言以对，只好走了。

尹昌龄为了筹集资金，找到中国银行行长周询，周问先生忙得很，何以有暇来访？尹昌龄说想要向银行借钱办火柴厂。周说银行借钱要有抵押品。尹昌龄说我和家兄在郫县有田60亩，田契可否作抵？周说银行放款要货物做抵。尹昌龄说这就难了。又改口说："有！有！"慢慢从包里掏出一张大红的翰林名片交给周询，说："我尹昌龄这三个字值不值一万元。"

周大惊，说："先生大名，何止才值万金，请收好，我想办法。

我是行长，要首先遵守行规，但行长本人借钱不要抵押，不过有一限度。我私人借钱5000元给先生救急，不论早迟赐还都可。"

从这件事上也可以看出品行高尚的尹昌龄不仅能够说动军人，连银行家也能够搞定。靠这借来的5000元钱的启动，又靠私人借谷扶持，火柴厂累资至20万元，更名为培根火柴厂。在尹昌龄的经营下，慈惠堂"其资产五千余元起，累至数十百万、千万、万万"。尹昌龄逝世后，慈惠堂资产"得房宅管业证二十有七，计为屋二百四十九间，又独院二十四所，田产管业证计八千三百四十八亩有奇，现今百数十余万，观者莫不耸叹感服"。

培根火柴厂的商标是一个小孩端着碗吃饭，目的为育婴，人称"娃娃牌"。慈惠堂的产品务求选料做工都要精良，以信誉创销路。娃娃牌火柴做工就很精良，每一根都饱满，畅销各地，后又更名为扇牌火柴，在火柴盒上画一把折扇。尹昌龄亲自

培根火柴厂"麒麟"火柴商标

撰书："厂中余利，专恤孤穷，若有私心，天地不容，以扇喻善，奉扬仁风。"后又使用"麒麟"火柴商标。

尹昌龄办慈惠堂把它当成社会的大事业去干，他已不是一个家庭的父亲和祖父，而成为成千上万无依无靠的孤儿穷人的父亲和祖父。他把慈惠堂变成一个温暖的大家庭。去照看收容孤苦者，见到他大家异口同声叫他"爷爷"，他则从不放弃自己的责任，对这些儿孙们有教有养，嘘寒问暖，费尽了心血。当时有报纸评论尹昌龄先生说"其生也使吾人景仰，其死也使吾人悲痛，尤使吾人忧惧"，手创"钜万

资财，尽涓滴施之于孤贫老弱，自身竟不获一地板之酹报"，"当盗跖纵横，贪鄙成习之今日，如先生者戛戛乎其难矣"！

尹昌龄惨淡经营慈惠堂，庇护了成千上万的孤儿弱女，从来没有宣传自己，粉饰自己，为自己树碑立传，这是多么高大、使人景仰的人品。所以，在那个动乱的年代，四川的统治者走马灯似的换人，但无不对尹先生恭敬如一，使他创办的慈善事业功德圆满。

尹昌龄的另一项贡献就是把当时的丁公祠办成了一所"文诚义塾"，选孤儿中的优秀者肄习其间，专学国文、数学、英语三科。英语好的送到武汉、天津工厂学技术。国文好的推荐到军政界任司书。选送到各地的学童，别人都乐意接受，认为慈惠堂的人受过道德教育，能力强，工作认真负责。

民国时，四川多灾多难，当权者三番五次请他主持四川的赈灾事务，尹昌龄认为四川的灾害实为人灾，而非天灾，多辞不受。1924年夏天发生水灾，邓锡侯任省长，电委尹昌龄为四川筹赈局督办，尹昌龄复函："目前虐民之政果能一概蠲除，胜于赈济，如一面剥民，一面言赈，似属多此一举。"

1925年12月赖心辉当省长照会尹昌龄为筹赈处处长，尹仍旧认为"终是人灾一日不去，赈务一日难言"，辞命不受。直到1931年四川省发生水灾，成立水灾救济会，尹昌龄应公众推举为主席，赈济水灾。尹昌龄还兼任四川省赈会主席，直到1936年年事已高体衰辞职才获允。

尹昌龄在办慈惠堂一事上绝不服老，一次卢子鹤先生来慈惠堂看他，劝说："你老了，你的事业又是这样的庞大，你应该预备一个后继者。"尹先生默然不语，转到客厅落座后便忿然作色，厉声道："子鹤，你是不是咒我？"卢子鹤多方解释，弄得不欢而散。从此以后再无人向他进言，直到他逝世，才交由张澜接办慈惠堂。

1942年11月，慈惠堂理事长尹昌龄病故，他的遗嘱中提出理事长一职必请张澜担任。张澜到任后于1943年2月20日接见成都《新新新闻》记者，向社会公开了自己的慈惠堂理事长身份，并谈了办理慈惠堂的方针及对今后工作的设想。如同当年陈光藻认定尹昌龄一样，尹昌龄认定了张澜，这才肯把慈惠堂的事业交到张澜手中。

尹昌龄有自己的个性，对事物的判断有自己的见解，他尽管是国民参政会参政员，却从未赴重庆或南京出席会议。

蒋介石来成都，在北校场接见士绅，谈及学生品德问题，尹昌龄说：

"书有书谱，画有画谱，菜有菜谱，茶有茶谱，人更是要有人谱，多宣传这些书史，多标举正派人物，风气哪有不转变的。"

正因为尹昌龄个性很强，新到的掌权者都要应付好这些士绅。1942 年当过半年华阳县长的彭善承回忆说他到任时五老七贤已经凋零了很多，在成都最有声望的就是尹昌龄了。"成都与华阳皆属四川省首县，首县难做，人所共知，所以担任华阳县长，应付士绅是件非常头痛的事情。尤其是这位尹四爷，大家都晓得不容易伺候。因此，尹仲老这位大佬，我一到任就把拜访他当作一件重要的事放在心上。我为着不至于被地方坏人包围，凡事不会先入为主而使推行县政发生阻碍起见，我拜访士绅，第一个就去看他。以后凡有重大政务要推行，我都先去看他说明内情，免得旁人先说坏话。就这样，我到任半年，去看过他 4 次。"

尹昌龄在逝世前还在惦念他的慈惠堂，说："使我能再活一年，看见这 8000 多鳏寡孤独有个下落，死亦瞑目！"

尹先生去世后各方哀悼文辞极多，赵熙、林山腴、周孝怀、谢无量都有撰述，庞石帚的一句诗最能总结："人惜亭宁宰相才。"人只要立德、立功、立言，便能不朽，尹昌龄一生便是立德的一生，所以是一座丰碑。

文献中有这样的记载，出殡那天，数百个盲人举着孝幛、孝联像仪仗那样缀队前行，请求作为仪仗队，治丧人员因路不平，考虑其颠顿，坚决不同意。盲人们大嚷说："先生对我们那么好，他百年归天，这点心意都不要我们尽啊!"一齐大哭，群情感动，准其所请，但为安全计，一个盲人配一人搀扶，直往茔地。

徐炯一生与同乡尹昌龄关系最笃，在徐炯的《霁园诗钞》中有多首咏尹昌龄的诗，一首写于1915年的《怀仲锡》中写道：

> 忆昔送君东上船，枫林霜叶红欲然。
> 我今独倚临江阁，枫叶纷纷已全落。
> 人生有情情无涯，吟魂未断梦交加。
> 弹指春光又明媚，苦对二月棠梨花。

另一首写于1925年的《寄仲锡》中写道：

> 北风萧萧吹野林，思君一夜江水深。
> 水深且清鉴人心，寒波不动碧沈沈。
> 我今仰天语，天闻应相许。
> 记取四十年，白首归来青山前。
> 青山无语年年在，山居有人长相待。

颜楷：鬻字养亲教子

颜楷（1877—1927 年），字雍耆，号拔室，四川华阳人，清建威将军后裔。颜楷祖籍山东曲阜，是一位世家子弟，从他曾祖父起，颜家便世代为官，受到这种家风的影响，他早年沿着科举之路前行，顺风顺水。14 岁时，颜楷进京入"南学"，1898 年戊戌政变，颜楷与宗师良弼"携手痛哭，志意若狂"。京城中的老辈子恐怕他招来祸事，劝他返回四川华阳县学。后幸得清代大儒，创立槐轩学派的第一代刘门教教主"槐轩先生"的教诲，颜楷"英气渐敛，恍然悟槐轩知止，湘潭逍遥同一旨趣"。

1902 年颜楷中举，1904 年连捷甲辰科进士，选庶吉士，1905 年被派遣远赴日本东京帝国大学学习法政。但以颜楷的眼光来看，当时的日本"风俗淫媟，党派纷争"。在他的书信中，颜楷写道："兄以槐轩学符身，以湘绮学应世，不与同学征逐，暇则专究监狱学。"

1907 年颜楷卒业回国，供职翰林院加侍讲衔。1909 年，广西巡抚张鸣岐奏请准调颜楷到广西襄政抚署总文案兼办法政、监狱两学堂。这一时期正处于社会大变革前夕，颜楷的人生际遇亦是一年一个样，从中举到留洋，再到为官和办学，忙得不亦乐乎。

1911 年辛亥秋，颜楷从广西回到成都，欢度婚期，恰逢此时，发生了一件大事。1912 年 1 月 27 日这天，正值隆冬季节，四周肃杀，连空气都仿佛冻硬了。北京的牌楼四周显得异常冷清，人们都躲在屋里不愿出门，清廷禁卫军头领、会军之谘府副使良弼乘坐着驷马大车穿过牌楼往他的府邸而去。良弼作为清朝的保皇死党，组织了一批王公贵族结成宗社党，由良弼执掌大权，顽固地要维护清廷的统治。当时正是关键时期，良弼是一个关键的所在。执掌清廷命脉于手中的良弼每日里如履薄冰，却不曾料想自己的命脉早已掌握在另一个青年手中，这个人就是成都金堂人彭家珍。

彭家珍（1888—1912 年）早年入尊经书院，与宋育仁、廖平、杨锐等是同窗。时年 24 岁的彭家珍，经历非常简单，1906 年毕业于四川武备学堂，参加同盟会后赴日本考察军事，又入四川高等军事研究所。这个年轻人其貌不扬，却肩负着一个重大的历史使命，他目光坚毅地走向正从马车上迈下来的良弼。历史在这一瞬间定格。

彭家珍整理了一下身着的清廷军官官服，双手递给良弼一张名帖，良弼看他一身高级军官服放松了警惕，片刻木然后确定并不认识眼前的这个年轻人，良弼把他当成拜门投靠的无名小辈不予理会，他转身往府邸走去，但也就是这顷刻之间，历史记下了这个年轻人的名字——成都人彭家珍。

"砰！"在爆炸的声浪中良弼倒在血泊里，左腿被炸断，但意识还算清醒。与此同时，朝良弼掷出炸弹的彭家珍被一块飞溅的弹片击中头部，殷红的鲜血喷涌而出，一个年轻的生命就这样画上了句号。两天以后，良弼不治身亡，同他一道死去的还有那个统治了中国数百年的封建王朝。

彭家珍在刺杀良弼之前留下的绝命书上写道："今除良弼之心已决，共和成，虽死亦荣；共和不成，虽生亦辱，不如死得荣。"

良弼是颜楷的宗师，得知良弼被刺的消息，颜楷叹息："吾二人同心救国，而竟至此，岂非天乎？"

从这之后，颜楷便闭门谢客，不问世事，成天在家写字，靠鬻字养亲教子。1911 年 10 月，成都兵变，三妹夫尹昌衡以四川都督的身份请颜楷襄政，颜楷仍是不出仕。对于四面八方劝他出仕的书信都不予回复，只对来问公益的娓娓回答。颜楷已有了心灰意冷的感觉，仿佛把什么都看透了，又什么都没有看透。

颜楷曾对其弟说："予自丁未卒业日本，见国政日隐，其将蘧与，何地可适？其将显与，何政可柄？今天下汹汹，更难收拾，只可以师儒救世，正人心，厚风俗，冀立治平之基而已。"其实在这之前不久颜楷还是一个热血之人，还力图改天换地，这才转眼之间就变得消极，期间发生了一件大事，颜楷还投身其中。

颜楷1911年返回成都时，保路运动正值如火如荼，1911年6月17日，川汉铁路股东在成都召开会议成立四川保路同志会，颜楷出于义愤，出任四川保路同志会干事长，蒲殿俊为会长，罗伦为副会长。清廷四川官员以颜楷"少年喜事"，电奏入京。其实，当年颜楷在北京时，路遇改良斗士刘光第、杨锐等六君子被斩杀于菜市口，少年颜楷悲恸之余出资将刘、杨遗尸入殓暂殡。这故事口耳相传。难怪清廷官员要以"少年喜事"为由奏他一本，在官员们看来颜楷确实喜欢参与各种事情，十处打闹九处在，在北京为六君子中的刘、杨收尸，现在回到成都又在保路风潮中插上一脚。

保路运动的起因是1911年清廷和英、法、美、德四国银行团签订了1000万英镑的借款协定，接着又同意日本1000万日元的借款要求。清廷不顾一切，以上谕宣布川汉、粤汉铁路收归国有。至此，一条属于国内主要干线的铁路修筑权，就在大借款的名义下被断送了。路权出卖给别国，这关系到人民的切身利益，保路运动开始了。

1911年8月5日，铁路公司召开全川股东代表大会，四川总督赵尔丰亲临会场，众股东推举颜楷为股东大会会长，张澜为副会长。颜楷慷慨陈词："筑路系国家安危，积资为川人血汗，不能不拼死力争……"

8月9日，蒲殿俊等8人代表川汉铁路特别股东大会提请弹劾邮传部派员主持铁路工程问题。

8月24日，召开四川铁路公司股东大会和四川保路同志会会议，通过号召实行罢市、罢课、停纳捐税的决议，掀起轩然大波。

9月2日，清廷派端方率兵来川查办，并命赵尔丰严加镇压。

9月7日上午，赵尔丰假意约保路、股东两会负责人去督院看电报，诱入后，悍然命令逮捕蒲殿俊、罗伦、颜楷、张澜等9人，布告宣布为叛逆罪，"严拿首要"。

当时，颜楷正与父亲游览青羊宫，父子俩正在纹枰前对坐手谈，一队军人将之包围，不怀好意地递上请帖，这显得还算礼貌，其实不由分说，颜楷随即被一辆轿子护送到督院。一到门前，守卫士兵就厉声喝令颜楷下轿。已闻得杀戮之声的颜楷毫无惧色，端坐轿内，怒斥道："你们知道我是什么身份？"随即递上翰林名帖。作为天子门生待遇的翰林是有权直接拜会总督的，颜楷直接乘轿堂皇而入。

四川总督赵尔丰（前排右2）

大厅上，军警荷枪实弹，枪口对准9人的胸膛。9人中颜楷的年龄最小，又是天子近臣。见9人不屈不挠，赵尔丰恼羞成怒，杀气腾腾。赵尔丰是个杀人魔王，名声早已在外，清廷之所以派他到四川来就是要利用他的名声恐吓四川人，让他们不敢造次。毕竟，杀人魔王动不动就是要杀人的。这期间，蒲殿俊等人的家被搜查，又查封了宣传保路的报刊。

在此千钧一发之际，驻防成都的旗营将军玉昆匆匆从将军衙门赶到督院，面见赵尔丰，提醒他："颜楷乃当朝翰林院侍讲，未经诏令撤职，若将其治罪，违背祖制，日后将有擅诛近臣之罪，必须先行请旨。"赵尔丰强忍怒火，愤恨不已。依照他的脾气早将这些人诛杀了，但有这么多人来为9人说情，还抬出了天子近臣一说，赵尔丰不得不暂缓举起屠刀，反正这些人活过了今天也活不过明天，于是下令暂将9人拘押。9人被赵尔丰软禁在督院街"来喜轩"。成都市民闻讯，"家出一人，扶老携幼"，纷纷出动，包围了总督府。这就是成都人刚性的一面，他们平常很散漫，过的是慢生活，显得柔性平和，但到了关键时刻，群起而动，一点也不怕事，管你是杀人魔王还是赵屠夫的衙门，一样敢于包围。

此事成为保路运动的导火索，成都全城震动，群众潮水般从四面八方涌向督署，将其围得水泄不通。走马街、南打金街、督院街人山人海，哭喊请愿，要求放人。民众冲破警戒线，屠夫赵尔丰大开杀戒，下令开枪屠杀手无寸铁的请愿者，当场杀死数十人，并下令"三日不准收尸"。赵尔丰的马队向群众冲击，被践踏受伤者不计其数。闻讯赶来的示威者却越来越多，人们头包白布示哀，抗议声一浪高过一浪。赵尔丰杀红了眼，再次命令镇压，又有多人被残杀于枪下。成都大血案震惊全国，四川保路同志会被取缔，蒲殿俊、罗伦、颜楷等9人被关进监狱。

9月8日这一天下起滂沱大雨，成都邻近各县民众数万人进军省城，高呼口号，营救蒲殿俊等人。前面说过，成都人平常都很温和，但这一天他们的血性显现出来。面对杀人不眨眼的赵屠夫，成都人誓死都不屈服。

9月10日，数万民众四面围城，与清军激战，近20万民众前来声援。

10月10日，武昌新军起义，辛亥革命爆发。11日攻克总督衙

正篇·颜楷：鬻字养亲教子

门，占领武昌。这之前四川同盟会会员吴玉章等人在荣县宣布独立。清政府惊慌失措，电令川督赵尔丰释放蒲殿俊、颜楷、张澜等人，但赵尔丰拒不执行。

11月6日清政府罢免了赵尔丰。

11月14日，赵尔丰将蒲殿俊等人释放。

11月26日，赵尔丰发布了宣布四川自治的文告。

27日，"大汉四川军政府"宣告成立，蒲殿俊出任都督，只当了12天就因士兵哗变被尹昌衡取代。

尹昌衡捕杀了赵尔丰，将其斩首于成都皇城明远楼一侧。

颜楷参加保路运动是因昔时铁路股东会的亲友耆绅们力邀而加入的，人们看中他的最大理由是他通晓法律。其父颜伯勤又与赵尔丰有交谊，而颜楷应允参加的一个条件便是"文明争路"。保路运动的发展态势是颜楷没有料想到的，他也不是整个保路运动的领导者，但是他拍案而起的英勇风姿，日后亦得到大家褒扬。赵尔丰被尹昌衡捕杀之后，颜楷反对戮及其子孙，将赵氏孙收养在府中，数年之后送其回到东北老家。

民国以来，颜楷不问政治，只在1915年任四川公立法政学校校长。四川法政学堂即后来的四川公立法政专门学校，是当时四川著名的五大专门学堂之一，创建于1905年8月，第一任校长是四川青神人邵从恩，第二任校长是四川犍为人印焕门，颜楷是第三任校长。颜楷任校长以后，非常严格，不准有学生旷课，如果某一科教习缺课，就要上讲台补上。学生如果有违反规则的，他就要当面训斥，随时都要以圣贤修德之道挂在嘴边，引经据典。骆成骧和宋育仁也在该校讲授国文。五老七贤是很抱团的，其中某一人当了校长或办了学堂，其他人大多会跟进，所以，颜楷当了校长，骆成骧等人自然要来帮忙。

1919年，颜楷辞去校长职务，以后靠卖字为生。他的书法十分精道，在四川享有盛名。颜楷每天在延庆寺卖字，"仿翁松禅例取润笔费"。其中三成用来维持生活，七成用来办慈善赈济事业。他和刘仲韬先生合办崇善局于君平街古圣寿寺，又同岳父张立先在外东沙河堡雷神庙侧建放生池。每当灾害出现时，五老七贤都要出面赈济灾民，有时是绅耆自发出面组织或参与赈济。1914年旱灾，米价昂贵，刘咸荥、颜楷与其他诸君于成都南门纯化街乐善公所附近设置施米局。在许多赈济救援的场合几乎都能寻到颜楷的身影，这是他晚年全部身心的寄所。

颜楷的书法名气越来越大，竟连女佣也喜欢其字。女佣做了一个月的工，跪请颜楷为其书写匾额，得到后如获至宝而去。颜楷有一次到郊外市场去游玩，见一少年在扇面上题字，落款为颜楷书，颜楷问是为何故，答：我学的是颜楷书法，所以冒名。有日本商人带着成捆的纸笺，照润格求颜楷书写，说要拿回国去销售。

颜楷公开鬻字后，求他写字的人更是络绎不绝。有一次有人请他书写直径三尺余的摩崖大字，颜楷没有准备大笔不能书写，他灵机一动，将宣纸铺展于地，从米缸中撮上米粒双钩而成书势，再应势濡墨而成。还有一次颜楷乘轿外出办事，抬轿车夫认出先生是颜楷，相求他写神榜，说："我愿意抬你不要钱，因为神榜必请正直的人写，好教育子孙将来做个正直的人。"颜楷欣然应允，却仍然照付车资。

颜楷善书法，其妻子邹辛士则擅长绘画，夫妻二人长期卖字鬻画为生，甘于清贫。今成都人民公园内"辛亥秋保路死事纪念碑"北面一侧书法即为颜楷所书。碑文写得大气恢宏，挺拔超逸，是成都人所熟悉的颜楷作品。当年在北京时，颜楷潜心书法，并与齐白石等书画名家有所砥砺，且享有书名。到了中年，他的书法已达更高境界，坊间对他的书法颇为推崇。

同徐炯一样，颜楷一生读书甚多，在他们这些绅耆的日常生活中，读书、吟诗、作画几乎就是他们晚年生活的全部。

颜楷除卖字以外，也潜心研究刘止唐（槐轩）先生的学问。据吴虞记载，"颜雍耆每日惟看老庄及佛书数篇，盖重在修心养气耳。""颜雍耆好书道家言及佛经，又好书苏诗，虽其救世之道未宏，然沈澹静穆，主于自养，亦异乎抗尘走俗，奔竞为怀者。"

学问很高的颜楷也会施展才能，1916 年设吏学馆，聘曾鉴、曾培、方旭为主讲，颜楷为教员。1922 年，赖心辉开办川北边防军凤凰山军事讲习所，礼请颜雍耆任修身教员。每天都由监督程沛民亲自送上讲台，颜楷引古论今，滔滔不绝。要知道颜楷当年供职翰林院就被冠以侍讲衔。据颜楷的学生刘骞回忆，颜楷老翰林竟讲起《太上感应篇》中唐朝名相裴度少时，拾得玉带，退还失者女主人的故事。同学听了，深受感动。

其实，在 1917 年的时候，成都发生巷战，颜楷的家就被大火焚毁，他"乃鬻字养亲，读书课子，亲友相从，讲学尤切"这段话讲的就是他晚年的状况。但他也并非完全不参加社会活动，1922 年 4、5 月间，"成属三乡团保议请每田一亩抽钱二百文，以作办团经费"事情，民怨沸腾，颜楷致函度知事请禁止。早在 1917 年的那次刘、罗巷战中，颜楷就同曾鉴、宋育仁、徐炯等绅耆与商会总理周宝臣、省长戴戡一起出面调停。1932 年 10 至 11 月中旬，刘文辉与田颂尧在成都爆发巷战之前，五老七贤除了以函电呼吁和平外，还亲自向军政长官请愿。

颜楷自 1918 年辞去四川法政学校校长一职后，便一心向佛，成为居士，并任四川佛教会副会长。1927 年 3 月颜楷仅 49 岁即患食道癌去世。他逝世前曾吟诗一首：

> 半百光阴一瞬过，知非知命意云何？
> 扬尘沧海寻常事，身外存身总不磨。

刘咸荥：劝善书画和教育是一生的主题词

刘咸荥（1857—1949 年），字豫波，成都双流人，是"川西夫子"槐轩先生刘止唐的孙子，民国时期成都著名的五老七贤之一，室名静娱楼。在五老七贤中最长寿的要数刘咸荥，他生于清咸丰七年（1857 年），卒于 1949 年，享年 92 岁。1949 年 5 月 26 日，五老七贤中的刘咸荥先生于当晚在王家坝自己家中去世，省市各界的官员、学者、亲朋好友纷纷前来吊唁，还有不少洋人打来唁电。

五老七贤在成都（左起第二位为刘咸荥）

王家坝刘咸荥的公馆很破旧，前面的院子左右厢房都租赁给黄包车夫，主人住在后三进的正房，后院还有一个亭子。出殡那天，四川省主席王陵基和省府秘书长走在队伍的最前面，捧着豫老遗像的人走在第二排，从新南门王家坝家中出发，送殡的队伍有两里长，队伍前面还有军乐队。送行的队伍一直送到武侯祠，刘家的人再用滑竿抬到双流安葬。

省主席王陵基身穿上将黄呢军服，戴着厚厚的眼镜片，不时回头望望队伍。从送殡的队伍就可以看出刘咸荥是成都五老七贤中很有影响力的人物之一。

刘咸荥的爷爷是四川大儒刘止唐（刘沅），父亲刘桂文，祖父刘止唐。刘止唐生于清乾隆三十三年（1768 年），因其家种有槐树，世称"槐轩先生"。刘止唐是清代蜀中大儒，第一代刘门教的教主，他将儒、释、道三教合一，创立了存心养性的新的宗教组织槐轩教派，后世称为刘门教。

光绪三十一年（1905 年）十月二十日，四川总督锡良向慈禧太后打报告奏请国史馆为川中已故大学者刘止唐先生树碑立传，一同参与此事的还有四川籍翰林伍肇龄、胡峻、颜楷等。文中称赞刘止唐"至性纯厚，内行笃诚，编纂群经，历耄年而不倦，楷模名士，育英俊以成材，允足标示"。太后硃批"着照所请，该衙门知道，钦此"。

清代国史馆为刘止唐立传。他一生遇到不少奇人、高人、神人，如静一道人、野云老人等等，他修身养性，养浩然之气，以求天人合一，仁者寿、德者寿。后其自立门派，终得大成。多年修养得法，使刘止唐先生花甲以后连得八子，堪称奇迹。咸丰五年（1855 年），刘止唐先生以 88 岁高龄在成都去世。前面说过刘咸荥先生 92 岁逝世，可见刘家有长寿基因。但同是刘家后人的刘咸炘 36 岁去世，亦可见世上一切并没有定论。

槐轩一脉的刘咸炘，字鉴泉，一生研究学问，不喜仕途奔走，1896 年他出生在成都纯化街槐轩老屋，父亲刘梖文，当过清廷内阁中书，他从小跟父亲学习，18 岁父卒，乃从兄刘咸焌学习。刘咸炘年少时没有出过四川，甚至连成都周边的区县都没有涉足，大约仅去过新都的桂湖公园。在他生命的最后两年才西游青城山，南游乐山、峨眉，北面最远到过江油，游了窦圌山、剑门关。不料这次旅行要了他的性命，不幸途中中暑染疾，回家后咳血不止，拖至 1932 年八月初九而亡，这年正好是他的本命年 36 岁。读书人要读万卷书，行万里路，刘咸炘万卷书是读了，但并没有行万里路，依然取得了很大成就。他英年早逝，否则成就将不可限量。

刘咸炘自称是"牛市口这边的学者"，因牛市口在老成都城墙边，此处有边缘学者之意。他曾向学生说："有人问我的学问是什么内容，我说可以附列在儒、道两家的后面。"又自我调侃说："我不过是古董行中识货人罢了。"由于家学渊源，加之天赋很高，虽没有上过正式学堂，靠自学成才，著作等身，在他短短的 36 个春秋里，写了 1169 篇文章，著书 231 种、475 卷、350 册，总集取名《推十书》。"推十"一语出自《说文解字》，孔子说"士推十合一"，意思是说读书人要善于总结，能把复杂的事归纳成一个简单的道理。

《推十书》内容庞杂，体系独特，涉及学术宗旨、天人关系、目录学、校雠学、文学、哲学、先秦诸子、史学等等，最大亮点即为史学。"雠校"即一人读书，校其上下，得谬误为校。

梁漱溟先生曾对人说："余至成都，唯欲至诸葛武侯祠堂及鉴泉先生读书处。"

陈寅恪先生在抗日战争时期来到成都华西坝，到处搜访购买鉴泉先生著作，认为他是四川最有见识的学者。

另外，蒙文通、彭举（云生）和刘咸炘先生私交最笃，随时过从，研究学问。1926 年到 1932 年刘咸炘逝世前，他先后任敬业学院哲学系主任及成都大学、四川大学教授。

说了刘止唐和刘咸炘，不难看出生在这样的家庭中的刘咸荣渊源家学，才华早发。他本人是光绪拔贡，拔贡考了 3 个三等，授内阁中书衔，在四川达县任教渝，相当于县教育局局长。清末任四川省咨议局议员，民国时当过四川省参议员。刘咸荥一生投入教育事业，光绪年间曾主讲于双流桂馨书院，后在成都尊经书院、通省师范、四川高等师范、成都府中学堂（石室中学前身）、华西协合大学等学校教书。可以说桃李满天下，其中著名的学生有李劼人、郭沫若、黄稚荃、李澄波、王光祈、魏时珍、周太玄等等。

刘咸荥的功名不甚高，较早就绝意仕进，一心一意从事教育，因自身的学问和门下高材辈出，而受到瞩目。刘咸荥之父"官京师，贫不能挈眷"，刘咸荥即"家聚徒教授"，1897 年始获丁酉科拔贡，年已四十。民国后，世道日衰，人心不古，儒家之言越来越不受重视，刘咸荥便积极推行伦纪之正，辅之以因果，让妇孺都能够听懂而明白畅晓。刘咸荥一生都在劝人为善，以此作为他人生的要务。

刘咸荥教授的学生有一个很突出的特征：国文很好。刘咸荥的学生很重视国文，作诗作文都得心应手。学生中除了郭沫若、李劼人这样后来的文豪外，其他搞科学的语文照样不错。李晓舫是刘咸荥的学生之一，也是中国较早从事天文研究的科学家，他的中文也很好。其妻在华大教中文时，因为有时与在艺专的课程冲突，李晓舫甚至可以代她去上文学课。

刘氏一族劝善开始于止唐公刘沅。成都有一条纯化街，原名三巷子，后因刘止唐住在这里传道讲学，故更名为纯化街，寓有"纯正人心，感化大众"的意思。民国四年，刘家门口还悬挂有邛州翰林伍嵩生所书"儒林刘止唐先生第"横匾一块。刘咸荥以槐轩学说为宗旨，从劝善入手，出版刊物，实施赈济，启善心于末世，振善行于既倒。1941 年，他在上海道德书局刊印《静娱楼劝善全集》《新德善刊》等。颜楷 1918 年辞职回家后与刘咸焌在南门纯化街北延庆寺合办乐善公所，救济贫苦，刘咸荥几乎每日在此，仿照书法家翁松禅例取润笔费，其中七成捐办赈济事业，三成家用。

1930 年夏天，四川省大旱，8 月 18 日，忠义慈善会举办游艺募捐大会，该会职员公推刘咸荥报告募捐意义，来宾们听了报告后即临时助捐，刘咸荥也将他历年杰作电影杂诗赠由该会付印成册及贩卖出售，每本价1200文，除成本外，全部赈济灾民。1931年，17省遭遇了大水灾，成都市各界助赈会发起了募集寒衣，刘咸荥作为四川著名乡贤，亲自撰文《成都市各界募集寒衣赈会公启》，文情并茂，催人泪下。

刘咸荥先生晚年编辑过一册《醒世千家诗简编》，起心是劝善。他从古代诗词中选出有关劝善的内容，由他的学生双流李澄波刻印，言之谆谆，情之切切，以惠时人，功德无量。又编《诗歌略存》，内容亦为劝善，可以看出刘咸荥选诗的良苦用心。民国甲子（1924年）石印本《思古图一册》出版，此册由井研廖平题。作者是遂宁杨重岳先生，为树立天地间浩然正气，绘了数十幅古代忠勇之士的画卷，请刘咸荥先生逐一题字，力求一画一字，图文并茂。杨先生与刘咸荥于30多年前便是朋友，后各奔东西，如今两位老友相见，发现原来的翩翩少年，如今已是白发老者了。大家相视而笑，感叹岁月不饶人，所幸度尽大半人生兄弟还在，乃不幸中之万幸。

成都武侯祠今还挂有刘咸荥对联："惟此弟兄真性情，血泪洒山河，志在五伦扶正轨；纵极王侯非富贵，英灵照天地，身经百战为斯民。"

林思进在《双流刘君豫波家传》中评价说："然君顾不汲汲荣进……又十年，既倦而休，优游终老。至九十有二，神明湛然，无呻吟痛苦，非有道之士，其孰能与于斯？"刘咸荥一生存善心、发善愿、做善事、结善缘，上无愧于天地，下无愧于朋友，更无愧于"槐轩"一脉，故得善终，这一点与办慈惠堂帮助穷人的尹昌龄有异曲同工之妙，这亦是五老七贤在成都人心目中拥有崇高地位的原因之一。在成都有三大善居士：华阳尹仲锡、郫县焦公以及双流刘咸荥。三者皆服务乡梓、教书育人、刊书劝善、施粥赈灾，数十年坚持不懈，行善直到生命尽头，成都人不会忘记他们。

再回到教育中来，刘咸荥总是在教育中提倡善，又在善行中进行教育，这一点从他的家风中可见一斑："一生不做官，桃李满天下。"李劼人曾是刘咸荥在四川高等学堂分设之中学堂任教时的学生，他在《敬怀刘豫波先生》一文中，回忆刘先生"时时在写字，在作画，在赋诗，在写悲天悯人的文章"。他的一生，除了以文章劝人，以书画感人外，也是不搞政治的。虽然当过几次议员，而在刘先生，却并未当作是搞政治的津梁，还是像讲道说教一般，在那里劝人为善，劝人以"民之所好好之，民之所恶恶之"。他本着中国的圣贤态度，勤勤恳恳，老老实实，示人以大道。然而刘咸荥又是风趣的，绝非是成天马起面孔，一开口便是四维八德，随时随地都在训人的道学先生。李劼人认为这才是真名士自风流。刘咸荥自己也宁做真名士而不做假道学。李劼人说："所以，我们这般在中学里受过刘先生教学的学生们，一直到最近几年，有机会侍坐于刘先生之侧时，依然和四十年前在学堂里一样，于刘先生只觉有风光霁月之感，而无敬而远之之心。"刘咸荥是对李劼人中学时期影响最大、塑性最强的两位老师之一，"教我以淡泊，以宁静，以爱人"。

张映书是 1933 年拜于刘咸荥门下习诗文的女弟子，她回忆道："豫波夫子胸襟的豁达，博爱的精神，口逸的情趣，无论在如何繁俗的环境中，他能以超越的意念，转变为仙佛的境界。这就是我永不能忘却，而且受益最多，感化最深的。"与张映书相对立的评价可见于 1929 年在报纸上刊登的《成都一百名人表》，内中除了将徐炯、方旭、尹昌龄、曾鉴、陈钟信、宋育仁等称为"遗老"，还将刘咸荥列为"旧词章家"。

刘咸荥的家境并不是十分富裕，其高祖父在双流以教授所得资本买回来的田产，租给农民耕种，但是不多，临终前分在刘咸荥名下的只有二三十亩地。所以，在各所学校教书，领取薪水，是他的一个重要的经济来源。

刘咸荥的社会活动很多，他积极维护纲纪伦常，举行孔子诞辰纪念时多请他到场演讲。1919 年华西协合大学于阴历八月二十七孔子诞辰日行纪念礼，刘咸荥时为大学文教员，演说孔子融贯各家之原理；1923 年上月孔子诞日，华西协合大学庆祝，请刘咸荥演说；到了 1924 年 10 月 8 日，成都通俗教育馆敦请刘咸荥演讲，题目为《振兴实业，以谋公益》；1924 年 12 月 29 日，成都县文庙敦请刘咸荥演说，其题目为《为求学大旨》，等等。1926 年 11 月，成都县立中学校长周子高请刘咸荥到校演讲，大意为静心志研究学术，惜光阴以启发聪明，守秩序以养成善良学风。1930 年 4 月 12 日，成都青年会组织父子俱乐会，请刘咸荥讲演"为父的慈，为子的孝，那么世道就好了"。从这些记述不难看出刘咸荥的社会活动是很多的。

1949 年刘咸荥逝世前，西南行政长官张群返蓉时，还亲到刘家拜访，请教如何治理四川事情。刘咸荥当时嘱托张氏谓："四川的事情全靠你咯！总要民之所好好之，民之所恶恶之，别要倒行逆施，于国家于人民都没有益处。"这种劝告与刘咸荥一向劝善的言论是一脉相承的。在这之前的 1926 年 7 月，邵从恩、颜楷、骆成骧、刘咸荥就已成为四川省佛教会的名誉会长。

在与人交往中，刘咸荥与五老七贤中徐炯的交往不多。徐色庄言厉，而刘性情洒逸，二人性情不合。刘咸荥与方旭的交往较多，与他的门生弟子往来较多，他不再经常外出教书后，不少人来家"拜门"，向他学习诗词，或时常拿作品来向他请教。刘咸荥出门访客多喜欢到住在附近的几个学生那儿去，如李劼人、李澄波等。他任教过的学校的教师也是他常常交游的，他与华西协合大学的美国教授费尔扑关系密切。费尔扑称刘咸荥是真正的绅士。

费尔扑 1899 年生于美国，加州大学东方学院哲学博士，1925 年至 1951 年在成都居住。那时，费尔扑正潜心翻译《陶渊明诗集》，这位美国人之所以对陶渊明这位中国古典诗人感兴趣，是因为他生于美国科罗拉多州的落基山中，又在加利福尼亚的塞拉山间生活，祖父、父亲都爱好寻幽探古，加上费尔扑非常喜欢中国传统文化，在华西坝费尔扑的居所，费尔扑用打字机敲出诗体的英译初稿。

1925 年费尔扑来到成都，正值壮年，精力充足，在一个暑假当中，他随华西边疆研究会登上了贡嘎雪山，那时，他即为中国西部的山川所迷倒。不久，他又登上了中国友人多次为他介绍过的峨眉山。费尔扑曾叙写道：

> 未几，余复为峨山而神往……尝结伴香客，攀临此山之巅，深入檀林，遍谒神殿。严冬则积雪莹莹，盛夏则芳草青青。晨则旭日初升，金光灿烂，夜则皓月当空，银色荡漾。

费尔扑一面在华西协合大学教授莎士比亚戏剧、勃朗宁夫人诗歌，一面在休假时深入到峨眉山中去考察。他钟情于这座名山，要研究它，并翻译了《峨山图志》这本集历史、诗歌、图画于一体的书。在书的序言中，费尔扑提到了帮助他解决了不少疑难问题的成都文人：刘豫波、黄方刚、谢静山……

刘咸荥与徐炯一样，每年都要请春酒，刘家的春酒规格是很高的，一般都是请成都有名的餐馆来家办席，刘咸荥因为常常帮人"点祖"即用朱砂在神主牌位上点一下，表示正式启用，点祖之人必须社会声望很高，又没有做过官，刘咸荥最适合干这种事。别人就送一张席票作为答谢。刘咸荥便拿这席票来请客，一般请的都是他的得意门生或五老七贤中人，费尔扑也经常是座上之宾。

书法是刘咸荥的一种生活方式，不论为殿堂庙宇书写楹联匾额，还是劝善或为他人作书，他的作品始终有一种遒劲飘逸、风致跌宕而雍雅的风格，体现了宏观旷达的境界。五老七贤中赵熙逝世时，刘咸荥亲撰挽联：

> 五老只余二人，悲君又去；
> 九泉若逢三友，说我就来。

这就是刘咸荥先生的人生态度和智慧才情。

刘咸荥晚年暇时喜欢种花种草，亲自浇灌。每天晨夕便起，挥墨书法，对刘老先生来说多么惬意。他生活很有规律，晚上九十点钟睡觉，早上五六点钟起床，醒来后先躺在床上为作诗打腹稿，腹稿打好了就在床上大声念读。刘咸荥住在纯化街刘止唐儒林第，有一个很大的后花园，园中有一个读书台，台上放着桌椅笔砚，念完诗起床的刘咸荥有时在房间里大书桌上，有时在读书台上把诗写下来，然后浇花。花园里有一座假山，上面有很多花，兰花最多。假山下是一个池塘，刘咸荥在一根长竹竿上绑上一个盒子从池塘里舀水浇花。读书台也是学生向刘咸荥请益的地方。有些学生一大早起来就在读书台等他。浇完花，吃过早餐，喝了豆浆或蜂蜜水，就读书写字。

这就是刘咸荥晚年的生活场景。有许多人来向他请教，也有求字的人，一般不收润例，只收一些鸡蛋、点心之类的"水礼"。刘咸荥晚年仍然健步，家里为他买了一辆黄包车，总是他在前面走，后头跟着黄包车，只有实在累了才坐车。

从 20 世纪 30 年代中后期开始，五老七贤声望陆续减退。1936 年 2 月 3 日徐炯逝世，同年 8 月 8 日，曾鉴逝世，1940 年，方旭去世，1942 年 11 月 29 日尹昌龄去世，到 1949 年 5 月 26 日，五老中仅存的一位刘咸荥去世之后，五老七贤中还健在的人已不多，五老七贤几乎成为一段历史。

徐炯：一生致力办教育

　　徐炯（1861—1936 年），字子休，号蜕翁，别号"霁园"，华阳县人。同其他读书人一样，徐炯青年时也想入仕报国，参加过科举考试。光绪十九年（1893 年），徐炯四川乡试中解元，后两次赴京会考皆不中，仕途蹭蹬，少不得志。从此他便选择了"教学合一"的生活，坚持 50 多年，直到老衰病逝。他的一生就是不断学习，不断教学的一生。在京师时，徐炯与刘光第、杨锐、乔茂轩、曾奂如、赵尧生等人过从甚密。戊戌之变，刘光第、杨锐遇难，徐炯忧怀国事，从此乐不仕进，回到四川开办教育。

　　戊戌政变前，徐炯打电报给刘、杨二人，提醒他们注意时局的激变，不料，电报还没有到达，六君子已命丧北京菜市口。徐炯得到消息后愤怒地对亲友说："这一刀砍下去的不是他们的头颅，而是满清的国脉啊！"他写了一篇文章《古今有娲否》，对慈禧无情地讨伐和鞭笞。老佛爷赫然震怒，下诏抓捕这个大逆不道的叛贼。徐炯逃到陕西才幸免于难。

　　徐炯与同乡尹昌龄关系最笃，遭到清廷通缉时，尹昌龄在陕西凤翔做太守，他便投奔而去。尹昌龄介绍他与布政使樊增祥结识，得到重用，聘他任留日学生的监督，带领学生出洋。正是这次经历，使徐炯开了眼界。

　　徐炯初进京时，因同乡乔树相、荣县赵熙的介绍而认识了富顺的刘光第，相谈甚欢，相见恨晚。1898 年再次进京与裴春交往密切。熊克武、吴玉章、魏时珍、廖学章、李植、张群、戴传贤、张季鸾等都是他的门生。徐炯一生办教育，后执教四川高等学堂，开办通省师范学堂，培养更多人才。真是"学而不厌，诲人不倦"，受到成都人的尊敬，名列五老七贤之尊。

徐子休常爱引宋人的一句话："三代以前，小人不敢为恶；三代以后，君子不敢为善。"不同时代对善恶有不同的标准，但为善去恶却是人类社会永恒的主题。敢于讥讽慈禧的书生徐子休一生主要接受儒家思想的洗礼，特别是受到宋儒理学的影响很深，又对明末"三先生"和颜元、吕留良等人的学说和为人衷心仰慕，所以养成坚毅的精神和强烈的正义感，同时又使他和时代脱节，一生维护"尊孔读经"，与时代格格不入，陷入时代冲突和回流中而不能自拔。徐炯成为成都维护礼教最甚之人，是典型的卫道士。

辛亥革命爆发后，全国有城市发生屠戮旗兵旗人的事，徐先生有许多门生子弟在少城中，于是他代表军政府进少城谈判，达成和平协议，仇杀风波得以平息，满汉人民得以和平相处。之后办少城学校，办同仁工厂，开辟少城公园，拓东城根街，安置旗人就业，徐炯四处奔走，做了大量工作。

1915 年，袁世凯复辟帝制，孙中山在日本再次发表《讨袁宣言》，蔡锷回云南组织护国军，第二年又进军四川。成都各界向袁世凯的心腹陈宧请愿，不料陈宧发作，将请愿中一人就地正法。这时徐炯不顾个人安危，更不顾亲友劝阻，毅然给陈宧写信，辨明是非，指陈利害，后来在骆成骧等人的劝阻下，陈宧终于脱离了袁世凯而独立。可见徐炯虽是一介书生，每到重大历史关头却能挺身而出，这使他得到成都人的爱戴和尊重。

1935 年，当时在四川执政的刘湘使人提出川人治川，以抵制蒋介石的势力，《川人治川》一文由张澜发表。作为五老七贤中的遗老、戴季陶的老师，徐炯发表了题为《异哉，所谓川人之治川也》的文章。此文在当时引起全国关注，各地报刊加以转载。徐炯由此被蒋尊为上宾，只是因为年事已高，才未入蒋幕。这算是五老七贤在四川政治舞台上的最后一次表演。这不仅是两种见解的不同，亦是两股势力的博弈，已经老迈的徐先生仍然表现得咄咄逼人。

徐炯在成都近代史舞台上另一次重要的表演是代表成都市民，联合五老七贤向杨森请命。这是一次提着脑壳要的事件。

1924年，军阀杨森占据成都，北洋政府任命他"督理四川军务善后事宜"。杨森次年在成都推行"市政建设"，强令拆民房扩建马路。民房要市民自拆自建，不予补偿，以致民众流离失所，怨声载道。以徐炯为首的五老七贤联袂至督署交涉、抗议，为民请命。杨森甚为难堪，这"五个老不死，七个讨人嫌"又出来搞事，杨森面对这群威望极高的群贤又不好发作，还得客客气气。事后恼羞成怒，蛮横扬言："我才不信你五老七贤的脑壳是铜打铁铸的，我就要试试砍得落砍不落？"

五老七贤为社会主持公道，可见并非人们认为的只是一些学究和谦谦儒士。特别是徐炯敢于担当，虽然遭到杨森粗暴拒绝，其事不成，但他每到关头敢于出头足见其品行。其实，五老七贤在碰过这个钉子后，在成都基本上就销声匿迹。除了他们年事已高，有些人又逝世的原因外，更重要还是他们毕竟只是一个松散的团体，如果没有人出来挑头，其余的人也只能偃旗息鼓。

前面说过，徐先生一生办教育，早年设帐于江南会馆，清末改称"泽木精舍"。又办"孔圣堂"（后来成为大成中学）。他还开办"四川通省学堂"，任四川省教育会会长，以经史及自然科学教授学生。徐炯"驾乎诸先生之上的是教学影响"。民国时期他办大成学校是因为黜孔过于偏激，为"尊孔读经"而开办。他一生卫道，1911年赴上海各省教育总会联合会争执甚力；1912年再赴中央教育会抗争愈力。1913年尹昌衡以川边经略使驻节康定，迎徐先生前往，他还是建言尊经读经事。他还曾赴京被国民大学聘为教授，留京两年，期间还赴山东，登泰山，谒孔林，致仰止之殷。

徐炯一生治学，尊崇孔孟，《资治通鉴》是必读之书，在"中学为体，西学为用"的口号下主张复古。在他所办的孔圣堂校园内不仅高悬"孔圣堂"的匾额，还保存供奉孔子的大成殿，每逢农历朔望和孔子的诞辰，全校师生齐聚殿上，在"至圣先师"和"四配"位前恭行三跪九叩首的大礼，堪称新时代成都的一大奇观。

办大成中学为徐炯晚年倾力而为的一件事。除了拿出自己全部的积蓄之外，其他经费主要是靠徐炯向当时成都的富商大户募捐。以他的声望向大户开口，大户们无不为荣，有"一登龙门，声价十倍"的感觉。徐炯常常在宴会进行中拿出募捐册，让客人们自由捐助。富商们谁又好意思不捐或少捐，毕竟在这种场合都要顾及脸面，并要看徐老先生的脸面。而且，要很快派人将款项送上，表示热心教育和对徐老先生的崇敬。

徐炯执四川教育牛耳多年，门生或门生的门生大有人在，这些人很多成了他开办学校的教师，并且在他面前毕恭毕敬，不敢摆架子。他自己在大成学校任校长 10 年，住宿在校，与学生同吃同住。1927至1928 年，毁孔之风，甚嚣尘上，年轻人在街上游行，大街小巷张贴着"打倒孔家店"的标语，并有人在孔圣堂怒言相骂。徐炯不为所动，十分淡定，仍然组织学生诵习礼乐，弦歌之音不绝。这一切不得不令人叹服，众人不被反孔非经的行为蛊惑。学校管理严格，深受一些学生家长信赖，很多家长专门将顽皮子弟送入学堂。一时许多富户殷实之家的子弟都在徐炯所办的学校就读。

徐炯在学校不仅每朝必有训话，每周还要亲自授课，自编讲稿，讲授孔孟程朱学说。除本校学生外，外来听讲的人也很多。头排坐的是成绩较好的学生以备校长垂询。他来讲课时，精神饱满，衣冠整齐。学校还请了曾鉴、陈钟信、尹昌龄帮忙批改学生的文言文作文，优秀的文章登在《大成会丛录》上。

徐炯的穿着也俨然是老派的装束，上装是兰布长袍，青织贡呢马裙，下装是青布长裤缠足，白布短袜，青色便靴，足背至足尖有双梁，头上是平顶硬壳瓜皮帽。这是典型的老旧先生的扮相，居然有无数教师、学生效仿。

唐振常三十年代初就读于徐炯开办的大成中学，他回忆大成中学的教育与生活方式时认为其散发出最腐朽的陈旧气息，而徐炯上修身课时，很少照着课本讲，倒是多数时间在骂人，骂新学，骂人心不古……当时新派之人把五老七贤看成旧时代的渣滓，新文化的障碍。唐振常评价说：如果要找一点这个学校给我的好处，那就是锻炼了我读写古文的能力。唐振常感叹三十年代的四川"顽固守旧势力太强，积习太深"，故而会存在大成中学这样的孔家店。

另一件事情也可以说明成都守旧之风的盛行。尹昌龄、徐炯和曾奂如等几位老先生联名上书刘湘，请求禁止汽车入城，理由竟是"汽车隆隆其声，巍巍其状"，"一般风烛残年之人异常胆小"云云，以此足以看出五老七贤的保守顽固之处。

徐炯的大成中学俨然就是一座封建教育的堡垒。北面正上方是圣殿，建筑很雄伟，高大的梁柱，令人肃然起敬。圣殿正中供奉孔子的牌位，孔子牌位左侧是孟子的牌位，右侧是朱熹的牌位。圣殿前面不远有一段长约30米、高仅1.5米的黄色墙壁，这便是"万仞宫墙"。圣殿平常锁闭，显得清静固密，只在每天早晚开放，供学生敬香。每月初一、十五两日早上殿门大开，早馆后举行祭孔典礼，大都由徐炯主祭，其后是学校教职员，最后是学生。棕质的拜垫有20多米长，宽约10多米，祭祀时，所有参加的人都要在拜垫上行跪拜礼，其他上香敬帛一如旧仪。十五举行叩望礼。三跪九拜后由司仪呼礼，宣读《戒约》十条：

违反圣道者严惩，重则斥退；

不尊重师道者严惩，重则斥退；

不服约束者严惩；

不守校规者严惩；

不请假而自由出入校门者严惩，再犯则斥退；

凡社会恶习，不准丝毫沾染，违者严惩；

凡淫书小说与一切邪妄言论不准过目，违者严惩并烧其书；

戏言戏动者严惩；

不知择交者严惩；

在校外生事者，分别轻重严惩。

宣读完毕，学生与老师相对而立，向老师行一跪，再叩礼，表示尊师重道。然后学生相对行一揖礼，表示团结友爱，既告礼成。

从上面这段描述足以看出徐炯所办的大成中学尊孔复礼的内容和程度。在举行释菜礼时要一献香，二献酒，三献帛，不奏音乐，由校长徐炯主祭，推选 4 名大成会员陪祭。孔子神位前红烛高照，摆设各种供品和鲜花。最隆重的一次是为大成殿落成举行的典礼，还摆有三牲：整猪、整羊、整牛。还要宣读《唯天下至圣》章作为赞词。徐炯身着长袍马褂，头戴礼帽，脚穿便靴，仪容严肃，步履稳健，令人肃然起敬。

曾孝谷（1873—1937 年），名延年，号存吴。他是我国早期话剧艺术活动家，是我国最早熔中西画理于一炉的著名画家，也是我国近代诗歌创作者中具有独特诗歌审美意象的诗人。1873 年曾孝谷出生在成都一个书香门第，他的父亲曾培，字笃斋，是清朝光绪庚寅科的进士，前清翰林，成都五老七贤之一。曾孝谷自幼受到良好的家庭教育，他少时随父宦游山东潍县，后跟随父亲长期住在山东和北京，在外省考中秀才。1906 年，曾孝谷在日本东京与李叔同等留日同学创办话剧演出团体"春柳社"，1907 年他将林纾翻译的美国作家斯托夫人的小说《汤姆叔叔的小屋》改编成三幕话剧《黑奴吁天录》，上演于东京，同时上演的还有《茶花女》《热血》。

就是这样一位开风气之先的人物，在徐炯的大成中学教授国文，经过一段时间之后业已锐气全消，也如徐炯一般长袍马褂，礼教纲常。

其时曾孝谷远游归蓉，住在成都西城墙根一条曲折通幽，路面坎坷不平的小通巷 5 号院，院内老树苍藤，蔚然深秀，门前有联语："春色岂关吾辈事，茅斋寄在少城隈。"当时他中等身材，面貌清癯，鼻端红润，容颜和蔼，腋下常常夹着书本。他经常穿着一身绸料的长衫，到了秋冬时节，长衫外面必套上缎料马褂，头戴红结瓜皮小帽，风度儒雅……从这段文字的描述中可以看出曾孝谷的变化。

曾孝谷是清寂堂的座上客，平时交往的都是林思进一类的老先生。这些早年虎虎有生气的人，几经折腾，也免不了壮志消磨，与时浮沉。而地主文化表现集中的成都，人们在自以为懒散而优越的生活方式中尽毁其志气。曾孝谷先生当时人方中年，再也无所作为。

徐炯培养出来的所谓高才生国文根底好，而数理化都笨，死死地保存着当时所谓的国粹，使成都顽固守旧势力太强，积习太深，非得有吴虞这样的人出来冲击一下。

大成中学的校歌也是徐老先生所作：

道高千圣，德冠五州，
孔子集大成，为万世开太平。
行在孝经，人能宏道，此后生。
灿灿兮，峨眉雪照泰山云；
烂烂兮，峨眉雪照泰山云。

这种情形一直延续到 1930 年，徐炯因为精力衰疲辞去校长职，不再住在学校，但仍然会去学校训话，遇孔子诞辰纪念亦必出席。据徐炯孙徐孝阆回忆，徐炯晚年家居生活非常有规律。他每日晨 4 时起即读书，6 点吃早餐，7 至 8 时去大成学校，8 到 10 时拜会朋友。下午继续读书。徐炯书房四面都是高及屋顶的书架，全都摆满了书，可以想见书的数量之多。每当春天阳光明朗之时就要发动全家帮忙晒书，其景象十分壮观。徐炯的书中手抄本超过500册，他30年不停地写日记，每日坚持，日积月累达数百本，都是蝇头细书，秀整精绝。徐炯晚年还爱郊游，只要听说有花，有风景的地方就带孙儿去。

徐炯与曾鉴、尹昌龄是拜把子兄弟，来往甚密，有什么事情直接找上门去。每年立春后，成都名流之间时兴互相请吃春酒。春酒档次很高，要提前与有名的餐馆预约，到时候挑上碗盏，称为"席担子"，到请客人家去做席。徐炯所请的多是五老中人以及他的得意门生。客人早早到来，进餐前大多议论时局。前章写过刘咸荥也要请吃春酒，包括清寂堂的主人林思进也要在端午、人日等节日时请文人名流们相聚，这是成都文人流传至今的习俗雅事。

除了办教育，在1921年，徐炯亲自拜会时任川军第三军军长、成都卫戍司令兼成都市政公所督办、四川省宪政会议筹备主任刘成勋，陈说大义，劝得他出面集资对武侯祠内的昭烈殿、静远堂、文武双廊进行了一次大规模维修。尹昌龄曾撰有《重修诸葛忠武侯祠记》，碑立于今武侯祠东厢房。刘成勋在武侯祠大门亲题"汉昭烈庙"匾。这是为成都办了一件大事，武侯祠是今天成都标志性建筑，来成都访问的人必去的地方，武侯祠保存得如此之好正是有徐炯当年不可磨灭的功劳。

徐炯逝世后，门人亲故特为其发起募捐，1936年在藩库街东头修建了"霁园先生图书馆"，收藏了他生前藏书及募集的图书。《霁园诗钞》全书共收霁园先生诗歌611首，可惜仅存上册，收录233首。书名由谢无量先生题署，民国甲申（1944年）二月，霁园先生遗书刊行会校印。《霁园诗钞》之前有谢无量先生撰写的《徐子休先生家传》，详细介绍和总结了徐炯先生一生的经历、成就，议论颇为公允。前面提过徐炯与尹昌龄关系最为密切，故《霁园诗钞》中咏尹昌龄的诗最多，现摘录写于1894年的《怀仲锡》一首，可以从中感悟到徐炯先生情怀。

忍爱辞良朋，含凄登永路。

门外斑马鸣，去去不复驻。

有合终须离，幸勿搅寐窹。

我来京华春，我去沧江暮。

去来不自由，离合应有数。

再挂潞河帆，犹辨天津树。

皦皦感脊令，冥冥冒氛雾。

欲饮谁与酬，欲言谁与诉。

寄语素心人，何时重相晤。

谢无量：书坛独树一帜

谢无量（1884—1964 年），四川乐至人，字大澄，号希范，后易名沉，字无量，别署"啬庵"。谢家是有名的书香门第，生在这样的家庭，谢无量自然是 3 岁背唐诗，6 岁会写诗，9 岁把五经读完，但他不喜欢八股文，偏爱读史书和诗词。儿时的他被人称为神童，以诗名世，10 岁时他写了《咏风筝》一诗，颇受先生称赞，证明他这个神童绝非"伤仲永"，而是真有本事。

谢无量

谢无量 4 岁随父母赴安徽芜湖、庐江，从父学习诗文典籍。6 岁入芜湖私塾，12 岁这一年谢无量便立志成为像顾炎武、黄宗羲、王夫之那样的君子。1898 年，14 岁的谢无量拜父亲的挚友，著名学者汤寿潜为师，这个老师给他的影响最大。汤先生给他介绍了龚自珍、康有为、梁启超的维新思想和著作，这给他今后一生的奋斗埋下了伏笔。他还同章太炎、邹容、章士钊、马一浮等交往，马一浮的岳父正是汤寿潜，所以他们年轻时就成为好友，并维持了一生。这些人主张废八股和科举考试。谢无量鄙视科举，不屑应试，这一点与吴之英还不完全一样。吴参加了乡试，首卷录取了，但不慎污染了试卷而被淘汰，一气之下再也不去应试。而谢无量是压根儿就不去参加科举考试。就是这样的两个人，年龄相差 27 岁，后来却有了密切的交集，这是后话。

1901 年谢无量与李叔同、黄炎培、邵力子、胡仁源等人同入上海南洋公学，这也是受汤寿潜的劝告，让他们去上海、北京开阔眼界。在南洋公学，谢无量入的是特班，课余与马一浮、马君武共同创办翻译公社，编辑《翻译世界》，并为《苏报》撰稿。1902 年回到四川，与人密谋发动推翻清廷四川总督赵尔丰的活动。1903 年《苏报》案发，邹容因著《革命军》被捕入狱，谢无量受到牵连逃往日本，次年 3 月回国先后在镇江、杭州博览《四库全书》等。从这些经历来看，谢无量年轻时就不是安于现状之人，而是一个热血青年。

1905 年，谢无量受聘在安徽公学任教。这基本上就是谢无量走过的成长之路。他处于一个新旧交替的年代，1907 年成长起来的才学少年做了《京报》主笔，终于有了一块展示才能，发挥自己的特长的阵地。此次进京已是他的第二次，第一次是在少年时的出游，行程数千里，遇上了义和团起义，八国联军入侵北京，光绪皇帝和慈禧太后逃往西安，山河失色，百姓艰难。1907 年 1 月应章太炎、于右任的邀请谢无量重回北京，在《京报》著文评论时政。

他在《京报》一炮打响的是他撰的一联，出言无忌，将北京的三位八旗子弟和五大名妓的名字串在一起使他声名鹊起，更为要命的是初生牛犊不怕虎的"小谢"以犀利的文风揭露了清廷陆军第三镇统制兼办天津巡警的段芝贵花 1 万 2 千两银子买下歌妓杨翠喜献给庆亲王奕劻的公子戴振。这公子时任工部尚书，是个权势之人，声色犬马样样精通，成天花天酒地，段芝贵的这一招正中其下怀。不久段芝贵便成为黑龙江巡抚。谢无量毫无畏惧地揭露了此事，引起震动，迫于巨大压力，慈禧将段芝贵和戴振二人革职。这件事使谢无量名声大振，这是对公正的呼唤，因而受到人们的认同。但事情没有就此了结，《京报》因此遭遇了灭顶之灾，被勒令停刊。谢无量此后去了上海中华书局做编审。

1909 年这一年对于谢无量很重要，四川学使赵启霖奏办存古学堂，其时清廷宣布停止科举，然又倡导保存国学，在全国创办了 7 所存古学堂，成都也办了一所。谢无量当时拥有蜀中奇才的美誉，以"白丁"的身份担任了专为"秀才"学子开办的存古学堂监督。那年他才刚满 25 岁，不仅兼授词章，教学之余潜心研究古典文学。谢上任后除设立理学、经学、辞章外，还增设地理、算学、医学、英语等新学科。学校聘请了许多名流任教，他亲自教授理学。

存古学堂的设立为以后的四川大学奠定了基础，后存古学堂扩大，更名为"四川国学院"，谢无量推吴之英为校长，自任副校长，由此可见谢无量的谦逊和雅量。

刘师培流亡成都时，谢无量是他的恩人。两人在上海相识并成为朋友，刘师培到了成都，谢无量不仅介绍他进国学院讲学，在生活上也给了他很多帮助。刘刚来成都不久，二人就共同组织办理"政进党"机关报。作为东道主，谢无量经常引领这位文弱书生游览成都。有一次二人在一个市场上购得一方古塔砖，塔砖上镌刻的文字引起了他俩的注意。谢无量书法出众，他能看上的书法作品一定不一般。二人品味着塔砖上的文字，刘师培还将此事写入了他的《蜀中金石闻见录》一书中。刘师培离开成都后，一直铭记谢无量给予的帮助。刘离蜀去上海，与谢无量再次相会，并赋诗一首相赠：

> 倦游良寡欢，揽辔轸千虑。
> 之子沛清扬，款言发心素。
> 凄凄聆谷风，恻恻怀阴雨。
> 岂无揭车怀，缱绻劳鬵釜。

刘师培是 1913 年 30 岁时携夫人何震离开成都的，在成都待了一年有余。两年之后，他参加组织拥护袁世凯的"筹安会"，再入政治陷阱。1919 年 11 月 20 日，刘师培郁郁而逝，年仅 36 岁。

吴之英与谢无量两人亦师亦友，年仅 26 岁的谢无量对吴之英推崇备至，恭请吴之英到存古学堂襄助，并亲自到吴之英的家乡名山总岗山车岭去接吴之英赴任。吴之英在名山县立高等小学堂接待谢无量，招待他喝家乡的蒙山茶。蒙山茶是四川名茶，茶香沁入谢无量的心脾，他还吟诗称赞这茶的甘美。在吴之英的导游下，二人游览蒙山，并取蒙泉水沏了蒙山顶上茶，吴之英应请写下了他著名的《煮茶诗》，谢也口占一绝：

银杏参天万乳悬，枝枝垂溜屈如拳。

理真手植灵名种，仙果仙茶美誉传。

谢无量与吴之英属于忘年交，二人共赴成都，吴之英以二斤蒙山茶馈赠谢无量。到了存古学堂，为吴接风的会上谢拿出此茶让众人品尝，成为一桩雅事。谢无量还写了一副对联评价吴之英：

自王伍以还，为人范为人师试问天下几大老？

后扬马而起，有文章有道德算来今日一名山。

后四川国学院因校舍不足又迁出成都三圣街和大慈寺，廖平、曾瀛、李尧勋等名流在此教学，培养了郭沫若、李劼人、周太玄、王光祈、相子敬、蒙文通等大家。

周太玄（1895—1968 年），成都新都人，著名生物学家，他填补了中国水母研究的空白，被称为"中国腔肠动物研究的鼻祖"。王光祈（1891—1936 年），成都温江人，1917 年结识《晨钟报》主编李大钊，以后成为李大钊和陈独秀创办的《每周评论》的主要撰稿人之一。1919 年同李大钊等人在北京成立少年中国学会，毛泽东在北京时就与王光祈经常来往。中华人民共和国成立后，毛泽东曾两次嘱托陈毅返川时探询王光祈及其家属的下落。王光祈留学德国共 16 载，论著多达 34 种，中国第一部《中国音乐史》就出自他之手。他与郭沫若、李劼人、周太玄等人为同窗知己，一次他们一起到成都东郊菱角堰周太玄家聚会，相约死后同葬此地，后来王光祈在德国突发脑出血病逝于波恩医院，李劼人果然设法将其骨灰运回安葬于该处。周恩来总理曾向李劼人打听王光祈 1936 年骨灰运到成都安置情况。1983年，四川音乐学院将其墓碑迁至该院，建有王光祈先生塑像和纪念亭。加叙这样一段文字旨在说明作为教育家的谢无量名满天下，桃李芬芳。

作为著作家的谢无量一生著述甚多，在五四运动的感召下，他用白话体写下了 3 个小册子。《平民文学之两大文豪》，后改名《马致远与罗贯中》，此书为鲁迅先生所称道。1913 年谢无量来上海中华书局做编审，此间他潜心编书，论著颇多，有多部著作被鲁迅先生列作讲义的必备参考。谢无量不像传统文人那般两耳不闻窗外事，他不仅读万卷书，还行万里路，立志站在时代的潮头，上下求索。其主要著作有《中国哲学史》《诗经研究》《佛学大纲》《中国古田制考》等等。其中《诗学入门》《中国大文学史》及《词学指南》3 部最有影响。

《楚辞新论》和《古代政治思想》这些书都受到孙中山先生的赞扬。这些书充分展现了谢无量的历史观，他并不是完全按照历史的分期和阶段论方法品评作品，重点阐述了平民文学的价值和推动社会发展的作用，其客观公允的评价得到众多学者的尊崇。这方面的书籍还包括《中国六大文豪》《中国妇女文学史》等几部著作。

谢无量曾著《王充哲学》一书，于 1917 年 4 月由中华书局出版。他在书中说道："充于天地万物皆用生物之理推校其本，颇近于唯物论……"他认为这在 1900 年前妖妄谶纬之学盛行的东汉时期是非常可贵的。毛泽东也曾看过此书。1956 年，谢无量应周恩来之邀来到北京，毛泽东在中南海设宴招待他时还提起这本书。当时章士钊在座，毛泽东说："谢无量老先生是很有学问的，对中国古典文学和哲学都很有研究，思想也很进步，在苏联十月革命以前就写了《王充哲学》，这本书是提倡唯物史观的哩。"

其实，早在 1909 年 10 月四川成立咨议局，谢无量就与张澜等一起参加立宪运动。曾受托撰写《国会请愿书》，指出："天下情势危急未有如今日之亟者，内则有盗贼水旱之警，外则有强邻逼处之忧。""当局宜博咨天下之贤士，群策群力，急起直追，以救危之于万一……亟盼速定大计而开国会，以顺人心。宗社安危，在此一举。"

1917 年 7 月，孙中山在上海著《建国方略》，他对谢无量早有耳闻，所以致信请他前来相见。孙中山把自己所著诸稿拿出来向谢无量征求意见，谢提出了自己的想法，谈论极为欢洽。与孙中山的结识无疑是谢无量人生的转折点。1923 年，谢无量受聘在广东大学执教，不久，孙中山委任他为大本营参议。1924 年 5 月，又任命谢为大元帅府秘书，是年秋天，谢跟随孙中山北上。可惜好景不长，孙中山逝世，北伐胜利果实被掠夺，谢无量无可奈何，只得又转向文艺，寄情山水，借诗歌书法来抒发他的满腔悲愤。"少年忧世成狂疾，老至无能姑达观"。这诗句正是他当时的心情写照。

抗战期间，谢无量成为蒋介石的拉拢对象，为了逃出蒋的魔掌，他去了香港，准备投奔缅甸的三弟万慧法师。一路奔波耗光了盘缠，穷困潦倒，又心脏病发作，卧榻难行。青帮大佬杜月笙严密监视他的行动，香港政府有一次几乎把他逮捕，南洋之行就此搁浅。当时港报曾报道"诗人虚惊记"，内地一时谣传谢无量已在香港逝世，友人马一浮和马君武分别发表诗文寄其哀思。1941 年，杜月笙奉命将谢无量送回重庆，并叱令解散他的办事处。次年迁居成都，继续遭到监视，心脏病加重，他与妻子只得去灌县（今都江堰市）青城山疗养。

在青城山疗养了 3 个月，这段日子相对安宁清静。谢在山居期间写了大量诗篇，这些诗令人百读不厌。他还为天师洞写了不少字，其中和张道陵所撰"太清金液神丹经序"的楷书巨幅，已刻石，嵌于天师洞石壁中。

在青城山疗养期间，谢无量对道家经典不忍释手，要和妻子将庙中的道藏辑全部看完。他从喧嚣的城市来到洞天福地的青城，思逸神超，振笔作书，平和中流露骏宕之致。他的"只为青城返故乡"一诗写道：

> 只为青城返故乡，九株松下问行藏。
> 远游便拟乘龙蹻，群鬼真堪试剑铓。
> 窘步怯登危栈石，安心胜乞上清方。
> 寒崖已透春消息，半天孤花照夕阳。

　　3 个月后，谢无量基本康复，回到成都靠卖字为活。受挚友马一浮之聘到乐山市一家书院任教，次年，谢无量的学生，当时在四川大学教书的蒙文通推荐谢无量任四川大学中文系主任。稍前，谢无量受但懋辛之聘曾任重庆中国公学文学院教授兼院长。1946 年，谢无量在四川大学城内部先修班任教，翌年当选为行宪国民大会代表，这是硬摁在他头上的阴谋，无非想借他的社会影响力给别人添彩。

　　南京会议期间，谢无量以患病为由屡次翘会，偶尔露面也一言不发，眯着眼睛装着打瞌睡，于是人们便戏称他为"睡诸葛"。到了选举总统的关头他只投居正一票，竟未选蒋介石。事后居正苦笑着自嘲："我这辈子也算没有白活，竟然得到半个活动家一票。"此言一出，谢无量得到半个活动家之名。会议未结束，谢无量托病到上海看病，提前溜了。在上海，他仍靠卖字维持生活。

　　据说当年南京政府成立后，监察院院长于右任因与谢无量有旧，谢便出任监察委员。他长住上海一品香饭店，耗费太大，举债累累，只能以卖字润笔收入补充。他又喜欢挥霍，特别嗜赌，身上有几个钱就去赌场一搏，经常囊空如洗，必至三光而止，所谓"三光"，乃人光、钱光、天光。

　　当时上海轮盘赌很流行，法租界福熙路 181 号的那一家，尤为有名。有一晚，谢无量已输得精光，还舍不得离座而去，忽见隔邻一位女子面前的筹码很多，他老实不客气顺手牵羊，拿了几个来下注，仍然败北，他又再抓几个丢下去，又是被"杀"。谢与那女子固不相熟，那女子初时以为他是赌场的拆白党，打算发作，但细看此人面貌气度又不像下流之辈，忍不住问道："先生你贵姓?"谢一心只在轮盘和筹码上，不答。女子又问，谢才答："谢无量。"女子一听连忙改容道："是大诗人谢无量先生，久仰!"说罢便把面前所剩的筹码尽供诗人赌注，直至输光为止。原来这贵妇人久慕谢无量大名，今日邂逅，得瞻风采，就拜谢无量为师，跟他学作诗了。

有一则趣闻述及谢无量的过往故事，说的是一个军官借了500元给谢无量，被他输光，军官对谢无量说先生不必还钱，只需要送诗一首就好。谢大喜，立即口占一首赠之："健儿海上夸身手，何止田横五百人。"这诗很有意思，语言双关，正合军官心意，他大喜而去。由此可见谢无量当时诗名之大，而且文思之奇。

这就是谢无量，靠他的才学和书法在上海也混得无比风光。

高伯雨回忆早年他在上海时和谢无量同去都益处川菜馆赴宴会，谢喝了一斤花雕后已有醉意，人们就围着请他写字，于是你一张我一张，有些贪心的人有了一张还要多求一张，他照样笑嘻嘻地来者不拒。谢无量有个怪癖，写就写，不盖章。虽然他手头有好些名家所刻的印章，但他都收好懒得用。人们都知道他的字值钱，忙赶着要个不停。字不盖章，只在下款上写上"梓潼谢无量"，其实他出生于四川乐至，但因曾长期居于祖籍地梓潼县谢家湾，他对梓潼有融入骨髓的乡情。

有人说："写字不盖章在作者名下，犹如美人有目无眉，大欠姿态。"谢无量却说字画如果要靠印章来证明它的真伪，衬托它的优美，只能说明它本身就有问题。1938年他在香港时为人写字，还是照例不盖章，流传下来的墨迹也少有印章。有一次高伯雨念出谢无量在20多年前所作的一首诗《山寺夜坐命酌，示祥大人》：

禅关纵酒寻常事，大道无名不肯成。
醉眼质疑天动转，病容扶起夜游行。
径风窥竹流萤散，岭月穿松宿鸟惊。
坐久上方钟磬响，可知无事愧平生。

高伯雨说："无量为人豪迈潇洒，从他写的字和诗，便可见其性格，他的书法是从汉魏碑板出来，但又不囿于汉魏书家的笔法，自己创出他的风格。"谢无量天资聪慧，读书过目成诵，下笔极快，正如古人所说倚马千言可待。他生活很随意，名士气十足，有魏晋风度。

1938年谢无量带着家人从上海回到四川，后任四川大学城内部中文系主任，由于薪资微薄，生活非常清贫，曾开书屋并卖字画，还辛勤地著书或为人书写字联。即便生活如此清苦，他对唯利是图的人也是不屑一顾的。四十年代初成都有个恒昌银号，老板要请谢无量题写字号招牌，想借此招揽顾客，于是他派店里的掌柜去请谢无量题字，并许以重酬。谢很鄙夷这个老板，避其铜臭而远之，一看来人代表老板要字，便严肃地说我的字一两黄金一个，一手交金一手交字。掌柜不知其意回去报告了老板，并当即取4两黄金登门买字，不料谢家人告知谢先生已到川北去了。来人碰了一鼻子灰，只得怏怏而去。

抗战胜利后，纸币贬值，物价飞涨，谢无量仅靠卖字所得难以糊口。1946年，蒋介石60大寿，示意空军司令周至柔找谢无量撰作寿文，谢本意不干，又不好明说，于是嘴上应着，磨磨叽叽不肯动笔，周至柔赶紧奉上润笔费3亿元。这开出的是天价，当时谢无量正债台高筑，长住上海一品香饭店耗费太高，沉迷于赌博更是把卖字挣的钱都扔进去了。赌是谢无量的无底洞。"今日世界，谁非赌也？偶作游戏，庸何妨？"虽说是游戏，心却悲凉，扔进去的票子都是真的。哪怕谢无量视金钱为粪土，但面对这份天价酬劳，囊中羞涩的他也只能动心了。

谢无量将蒋介石创办黄埔军校、北伐之役以及抗日战争之事汇列成文。寿文拿回去蒋介石欢喜无比，说："谢先生是大写家，再请他本人给写寿屏吧。"周至柔再次奉命求字，谢无量颇为不悦，便推说自己做不了楷书，你另请高明吧。周至柔不敢怠慢，马上又奉上两亿元润笔。有钱便好，谢无量笑纳，研磨运笔，一挥而就。5个亿的收入让他不仅还清了债务，还有赚头。事后谢无量对朋友自嘲：

"他出钱买寿文，我出门不认。大家都在做生意嘛，商场上往来，照例如此。"

关于谢无量的书法人们都有公论。林思进评价谢无量的书法为"康南海后第一人"。于右任对他的书法亦有赞誉，说他是"干柴体""笔挟元气，风骨苍润，韵余于笔，我自愧弗如"。沈尹默也曾赞曰："无量书法，上溯魏晋之雅健，下启一代之雄风，笔力扛鼎，奇丽清新。"

谢的字结构听其自然，不受拘束，运笔如行云流水，天趣盎然，因此也被誉为返璞归真的"孩儿体"。在成都杜甫草堂有无量集杜联："侧身无地更怀古，独立苍茫自咏诗。"结构圆劲，笔势宕逸，可以看出宣示表、兰亭序的影子。这副楹联写于1955年。谢无量为草堂写的"茅屋为秋风所破歌"诗匾，此诗刻在楠木巨匾上，悬于草堂文物馆的中央，使游人得以从容瞻仰谢无量晚年的书法。

大半生居住在湖北的川籍书法家、古典诗词学家吴丈蜀先生曾对人言，当代书法家中他最佩服的有两人，一是于右任，一是谢无量。他说："我的字跟谢无量的字有明显的不同，我是中锋多，谢无量多用侧锋，他是帖学，但是都是一个路子，追求意趣，追求神韵，这是最高的追求。""由于他博古通今，含蕴深厚，兼之具有诗人气质，襟怀旷达，所以表现在书法上就超逸脱凡，形成了他独特的风格，在书坛独树一帜。从他的手迹中可以看出他对魏晋六朝的碑帖曾下过相当的功夫。从行笔来看，受钟繇、二王的影响极为明显，从结构来看，则可窥见《瘞鹤铭》以及其他六朝造像的迹象。尽管他师承这些碑帖，但决不做他们的奴隶，而能融会贯通，博采众长，创造出自己的书体……"

四川的一位文史专家邓穆卿先生与谢无量有所交，他曾撰文说："无量写字，多系条幅，横披、书卷等大小之行楷，楷书大字极为难见。唯灌县二王庙大殿右侧，悬有其斗大楷书'威镇江源'横匾一通，一笔不苟，气魄雄伟，结构至美，实为其书法中少见之品。其匾与殿左侧对称处于右任所写草书'是为不朽'大横匾相配。"

赵之谦曾说："书家有最高境界，古今二人耳。三岁稚子，能见无质；绩学大儒，必具神秀。故书以不学书不能书者为最工。夏商鼎彝、秦汉碑碣，齐魏造像、瓦当砖记、未必皆高密，比干、李斯、蔡邕手笔，而古穆浑朴，不可磨灭，非能以摹规仿为之，斯真第一乘妙义。"谢无量的书法以绩学大儒得三岁稚子之童趣，不仅对巴蜀影响巨大，对全国的影响也历久不衰。

与谢无量同时代的另一位大学者吴宓先生，在他1945年1月8日的日记中记下了对谢无量颇为不满的一笔。当时他与谢都居住在成都。"访谒谢无量（原籍四川梓潼，久客芜湖，年六十四），肥而修整，无一丝白发，着鲜裘，于此接客甚多，均为求书来者。盖谢无量以名士鬻书，书法逸而肆，然今在成都最为人所推重，所入独丰。眷犹居渝，而在蓉得一少且美之女为其妻或妾，人羡其艳福。性好赌，恒作竹战，亦普通名士之收场耳。宓呈《五十生日诗》，谢君未及阅，遽以授其客汪某等，宓颇不悦，阻之未及。"吴宓先生原来就是诗人名士，呈献给谢诗，谢居然看都没有看就转送给姓汪的客人，这很伤吴的自尊心，再加上谢穿得那么光鲜，"所入独丰"，还"得一少且美之女为其妻或妾，人羡其艳福"，这太刺激吴先生的感受，遂有此腹诽。

谢无量不以书家自称，他首先是一位学者，他把书法和诗都作为抒写自己胸襟的一种方式。他真正花在书法上的时间是读帖，所以他的字超凡脱俗，是学养、天分和神韵的体现。谢无量做书家，更藐视成规，写好字是他的追求。谢无量是公认的20世纪中国十大杰出书法家之一，其他九位是康有为、齐白石、李叔同、林散之、毛泽东、沙孟海、沈尹默、吴昌硕、于右任。

在 20 世纪 50 年代，谢无量以无党派民主人士特邀代表身份参加全国政协会议，毛泽东亲自接见他，礼遇甚厚。

1956 年谢无量应毛泽东主席电邀到北京，毛主席曾于中南海设便宴招待谢无量，同席有北京文史馆馆长章士钊。此后谢无量即任北京文史馆副馆长，并留在北京，住铁狮子胡同红楼寓所内。谢无量已年逾古稀，中国人民大学校长吴玉章复聘他到校任教授，主讲《文心雕龙》，其他教授、讲师也乐于聆听。1964 年 12 月 7 日谢无量因病在北京医院逝世，终年 80 岁。挚友马一浮作挽联：

> 在世许交深，哀乐情忘，久悟死生同昼夜；
> 乘风何太速，语言道新，空余涕泪洒山丘。

吴之英：愤而退居的隐士

吴之英（1857—1918 年），字伯
朅，号蒙阳渔者，四川雅安名山车岭
镇吴沟人。在吴之英家门口可以望见
蒙山五峰，"扬子江中水，蒙山顶上
茶"，吴家四周都种植着从蒙山移植
的野生茶树，吴之英因此写有《煮
茶》诗和《蒙山赋》传世。在吴家
堂屋的神龛上，列祖列宗的灵牌中，
驯茶七株开人工植茶先河的吴理真的
牌位居于其中。吴之英在诗中写道：
"家里神仙是祖师。"可见吴之英的

吴之英

心迹。吴之英这位蜀中大儒与吴理真这位茶祖是否同宗并不可考，但
重要的是本土吴氏与徙川吴氏在精神上的融合与相通。

吴之英虽然出生在偏远的名山茶乡，但却是书香人家，祖父文
哲、父亲铭钟都是积学未显之士。在中国旧时许多高人隐于山林并未
出仕，但他们的才学修养却可与大家媲美，果然，吴之英的祖父和父
亲对他的启蒙教育起到了重要作用。5 岁时，吴之英便随祖父课读，8
岁便会文辞，16 岁夺得雅州府试文魁，这些与作为乡村教师的吴文哲
有莫大关系。吴之英的祖父吴文哲把大半生时间花在了传统国学的研

习上，开馆授徒，教育出儿子吴铭钟，后又把自己的积学传给了
孙辈。

> 儿时四岁余，哑哑解言语。
> 祖父授《五经》，句读尚离骨。

吴之英4岁4个月另4天时开始跟着祖父念书，到了6岁爷爷给
他做了一个沙盘，教他在沙盘上用木笔练习写字。9岁时吴之英的木
笔已经换成了铁笔，爷爷和父亲教他练起颜真卿、柳公权的楷书。严
格的家教使吴之英在书法上进步很快，关键是他有兴趣，练起字来可
以废寝忘食，以至于误把糍粑蘸了墨吃。关于习字他有诗写道：

> 写字如撑逆水船，气长力足破浪前。
> 心摹手追出佳作，神不专一练枉然。
>
> 一支素笔写心言，疾呼正义在人间。
> 为民甘抛乌纱帽，两袖清风可对天。

五老七贤中有很多的书法大家，这同他们的家学渊源分不开，也
同他们从小受到的严格训练有关。他们练的都是童子功，加上他们日
后不断增加的人生阅历，才成就了他们大师的地位。

在今天成都的人民公园西边耸立着"辛亥秋保路死事纪念碑"。
这座巍峨雄伟、蔚为壮观的碑塔四面，是由当时四川4位有名的书法
家（即赵熙、颜楷、吴之英、张学潮）以不同字体书写的十个大字
"辛亥秋保路死事纪念碑"，这十个字个个写得苍劲秀逸。这座碑是对
1911年发生在成都，并成为辛亥革命导火索的保路运动的历史记录。
这座方型碑塔高31.85米，碑座四周塑造有铁路火车浮雕图案，并
注有"民国二年建造"字样。纪念碑建成后，吴之英被推荐在碑上题

字。他很快就把字写好并交给来人送到成都，对于送来的 500 两银子的"润笔酬劳费"分文不肯收取。这是很丰厚的回报，但吴之英更看重的是能为纪念碑题字的荣誉，正因为有碑上的题字使吴之英的字同保路运动一起载入史册。这是后话。

吴之英 17 岁时以茂才选进成都尊经书院学习，受到当时的经学大师、书院山长王闿运的培养。王闿运培养了四川近代史上的众多学子，"自王闿运来蜀，遂以博学穷经为士林倡，于是乾嘉之学大盛于蜀，一时文人蔚起，鸿硕辈出。廖平、宋育人、吴之英、张森楷，尤著令闻焉。"这说明大师还得有大师来教授，来训练，来影响，才会有人才辈出。王闿运在四川近代史上的作用十分巨大，是一个关键性的人物。

经过王闿运的点拨，吴之英学问日进。到了 20 岁，他在经史辞章方面都有了相当高的造诣，精三礼，善骈文，工书法。吴之英与杨锐、宋育仁、廖平一道同为"尊经四杰"，这 4 个人都成了近代史上的风云人物，其中宋育仁和杨锐都是吴之英最好的朋友。宋育仁与吴之英"论交数十年而不易心"，"斯真吾友也"，二人"少性相同、长以相契"。

1898 年 9 月 21 日，慈禧发动戊戌政变，幽禁光绪于瀛台。28 日杀害谭嗣同、杨锐、刘光第、林旭、杨深秀、康广仁，罢一切新政，维新运动宣告失败。这时吴之英不顾个人安危，愤笔写下《哭杨锐》。吴之英对杨锐被诛杀激愤有加，这不只是对同窗同道好友的深爱，也是对以慈禧为首的清廷腐败势力的极大痛恨，他由此从"为王前驱"彻底转变为"为民前驱"。在诗中他抒发了对杨锐的痛惜和敬佩，也直言不讳地痛斥了慈禧一伙的恶行。

另外，吴之英还培养了他的高足吴虞，吴虞成为开四川新风气之先的著名人物，成为向成都闭塞、顽陋风气宣战的人。

关于吴之英的才学，当时许多大家都有评论。王闿运的评价为："诸人欲测古，须交吴伯朅。之英通公羊，群经子集，下逮方书，无不赅贯。"

同时代的学者，吴之英的好友宋育仁评他的诗文："比于近代文学家有如胡稚威、王仲瞿，故坚栗而光晔，以经术深湛之思，译以楚艳韩笔，故肃穆而闳肆。"

经学大师廖平的评论则是："实出淮南，但自讳之耳，故其文多纤徐漫衍，须多看数行，乃能知其意之所在。"

吴之英的学生吴虞的评价是："蒙山为文，出于周秦诸子。"在他的《邓守暇荃察余斋诗文存序》中说："始予年二十岁时，常同陈白完、王圣游从蒙山吴伯朅先生游，侧闻绪论，始读唐以前书。""余于蒙山门下为小卒矣。"

刘申叔讲道："蒙山人品文学，当于周秦间人求之。"

这些评论从不同的角度对吴之英的人品、才学、气度加以评价，但不论从何种视角对其评价都是很高的。其中尤以他在经学研究和文学造诣方面的成就嘉许最甚。

吴之英属于少年老成，年纪轻轻便在诗词歌赋、经史文章、声韵乐律、经方星经之学上均有成就。就是这样一个有志青年参加过一次乡试，首卷录取了，但因不慎污染了试卷而被淘汰。他一气之下，发誓再也不去应试。吴之英是这么说的，也是这么做的，从此清朝少了一位举人、进士，抑或状元，也少了一个翰林或官员，但吴之英仍是吴之英。他在诗文方面自成一家，反对空疏肤浅，特别是那种仅能模仿的文体。他主张为文要有充实的内容、精密的组织和深厚的含蓄。

清光绪八年（1882年），吴之英自成都九眼桥乘舟东下入京朝考，站在这座始建于明朝万历二十一年（1593年），古名宏济、锁江桥，在清朝乾隆五十三年（1788年）补修时改名为九眼桥的古桥头，吴之英十分感慨。这是他第一次出川，走的是水道，从九眼桥的码头下船，到江口，过嘉州（乐山），到达叙府（宜宾），再走下水过泸州到达重庆。这一路艰辛不说，途经长江沿岸城市，目睹朝政腐败，人民困苦，列强在中国肆意横行，不禁令人感叹："时运之极，人道之忧。"水道一直通到上海，运河一直通到北京。那时出川只有南边的这条黄金水道和北边的川陕之道，川陕道被李白叹为"蜀道难"，而水道又何尝不难。哪怕是顺江而下，也要花费数月的时间，更为重要的是这是吴之英第一次出远门，对于他阅历的增长尤为重要。

从北京回川，资中艺风书院，以及尊经书院、锦江书院先后延请他主讲。他先后任教 8 年，"请业者常数百人"。在这期间，他治小学、通经术、习辞章，启迪后进，对学子潜乐教思，循循善诱，付出了艰辛的劳功。

他在《答人问博学书》中，对于精、专问题解释说："唯专乃精。要所以成比专，执荟精于一家固无害其通材，乃有裨于雅教，不然涉猎失御，枉媚心目，泛滥成归，尤矜口耳。"后任灌县（今都江堰市）训导，常常废寝忘食，"学行兼优"，因尽忠职守，办学有方，全县文风为之丕变。

《灌县志·政绩记》赞扬他说："为人和易而峻洁，学尤深邃，卓然成家，迥迈流俗，居官廉介，训迪学子，文行兼备，获益者多，盖不徒以言教也。"作为人师的吴之英不仅以广博的知识教授学生，更以自己德行影响后辈。他爱护学生，"且留读书种，毋与他人戮"。

简州（今简阳市）马刺史专门开设了通材书院，延聘吴之英主讲，"三季之间，执业常满"。在吴之英多年的教书履历中，他还延主过县校、乡校，1909 年开礼学馆，以顾问征，不就。1910 年，提学赵启霖奏办存古学堂，聘他掌管教务，1911 年改为国学院，又被推为院正。刘申叔为院副，吴之英还亲自撰写了"国学院"三个大字和一副联语悬挂在学院门上，以鼓励后进之士，继承发扬传统文化。

吴之英一生执着于古典蜀学的研究，并开创了近代的蜀学研究。他认为"礼可为国"，"天理人情，今犹古也"，"礼义廉耻，国之四维"。在长达 30 年持之以恒的研究中，把几成绝学的《仪礼》研究推到一个新的水平。吴之英所著的《仪礼奭固》《仪礼奭固礼器图》《仪礼奭固礼事图》三书各 17 卷，可谓集《仪礼》研究之大成，是郑玄以后1800多年以来承前启后的杰作，奠定了他的大师地位。当局请他当礼部顾问官职不就，却愿意为人师表，到各所学校去任教。

作为诗人的吴之英擅长七言古体诗，"自谓音节符于古乐府，隋唐以后蔑如也"。1882年，他入京朝考沿长江而下，感慨之余写下许多诗篇，其代表作为《上海行》。朝考回川后3年，他又独自游巫峡。这时发生了一件所见之事，使他写出了《巫峡归舟图》一诗。当时船泊江边，与扶枢归乡的祖孙二人相遇，引发了吴之英对浪迹江湖游子在艰难岁月中苦处的同情，也借此抒发了对炎凉、黑暗社会的悲愤之情。

游人尽道巫峡崄，年年岁岁有来舟。

但见来游不见归，啼猿空为游人悲。

蜀国于今已瘠土，官商犹自说天府。

舻舳千里闲夔门，赵王公子楚王孙。

穿矿采珠莽跟趾，山灵不渌江神死。

窃得卓财又窃女，婵媛久滞豪华旅。

近肉远丝酣舞筵，襄王一梦三千年。

明月乡心归何处，莺花屡新裘马故。

纵余资斧足缠腰，膏火相煎利倚刀。

何况宦情茧纸隔，市死半是千金客。

漆榆宛保奸侠民，更兼椎埋有荐绅。

可怜琴鹤枉相待，升屋遥复若闻悔。

君今扶榇返苫庐，祖孙为命甘粗蔬。

高唐云雨应排候，布帆安稳渡重岫。

我愧家传朝歌笔，择言赠远诒女后。

白发从此老园亭，莫向西风说锦城。

试问旅魂归骨处，蜀山何似故山青。

从上面的诗中可以看出，吴之英同历代前贤大儒一样在诗词方面的成就令人称道。在吴之英之后，蜀中的五老七贤中在古典诗词上卓有成就的是大书法家赵熙和清寂堂主人林思进，两人并称"林赵"。吴之英在诗词上的成就亦卓然。《寿栎庐丛书》中有《诗集》1卷，从诗中可以看出吴之英继承《诗经》《楚辞》的传统，以汉唐为宗，其诗多忧国忧民之作，不屑无病呻吟，并否定空洞模仿的流派，自成一体。吴诗沉博郁厚，独立绝代，而又非常入古，并世未见其匹也。

在变法之前，吴之英认为国势之所以积弱是列强侵略和官吏腐败，"只知利身不顾君，利家不顾国"。当权者私壑难填，便产生了叛官、叛民，所以需要变法维新。如何变法？他在政治上、经济上、寓兵于农政策上提出了一系列主张。中日甲午战后，宋育仁回到四川，宋育仁与廖平发起组织"蜀学会"，想要办报纸以通新政，吴之英不仅积极参加学会的活动，担任主讲，还同宋育仁、徐昱等用蜀学会的名义创办了《蜀学报》，通过报纸宣传推动变法维新。吴任该报主笔，发表了一系列文章，提出改革内政，奋发图强的主张。

宋育仁曾在1897年10月联络杨道南等在重庆创办了四川第一家报纸《渝报》，宣传维新变法，又在1898年5月同吴之英、徐昱等创办了成都近代史上出版发行最早的一份报纸《蜀学报》，同样刊载维新变法的文章。

《蜀学报》于光绪二十四年（1898年）5月在成都创刊，旬刊，第1期30页左右，到1898年9月出版至第13期后被查禁。9月21日慈禧发动戊戌政变，幽禁光绪于瀛台，28日杀害谭嗣同等六君子，罢一切新政。《蜀学报》与蜀学会遭禁斥，宋育仁被罢黜回京赋闲，吴之英受到审查。吴之英"感人亡国瘁，伤君父幽囚，盖不胜悲，乃喟然而叹曰：'天下事尚可为，恨无奇策益世尔。'未及校官裁缺，而引退以去"。

经过这场惊涛骇浪之后，吴之英逐渐消沉下来，产生了"因感莼鲈思旧乡，桂冠我逐归鸿去"的想法。回到灌县（今都江堰市）任上，转而悉心研究岐黄之术。研究医药岐黄只是出于无奈，像吴之英这样的人怎么可能坐得下来。1900 年八国联军借口义和团反帝反洋教为名，发动了对中国的又一次大规模侵略战争，义和团斗争失败，慈禧与八国联军签订了丧权辱国的《辛丑条约》。吴之英愤慨之中写下了《颐和园》一诗，并在《东湖诗》中写道：

> 可怜庭议和西丑，租界通商分割剖。
> 边檄相望尽藁街，官家何处是梅柳。

晚清已如一座四面透风的残破建筑，一阵风就可以把它摧垮，国势一落千丈，吴之英深感"四海已无施巧之地"。1901 年，"泪随肠转"，回到家乡车岭，一面侍奉老母，一面闭门著书。回乡后，吴之英署其门曰"寿栎庐"，意思是取《庄子》的"无为有为"思想，将自己比喻成一棵普通的栎树，因为不能作为建筑用材而苟全性命，不会遭到人们的砍伐。这也包含了吴之英消极避世的意思。"养亲暇余，著书垂钓以自娱。"这其实不是避世，而是无奈。下面这首诗就可以看出他的心情。

> 凿室成偏井，因棘成短篱。
> 藤来牵幼竹，风吹落燕泥。
> 摊药趁日正，磨砖补溜敧。
> 仰窥天际鸟，心与万峰齐。

在老家的生活吴之英谓之避世，其实他无时无刻不在关心天下之事。正是在老家的 7 年，他完成了《寿栎庐丛书》，共 10 种 73 卷 200 多万字，每卷均由吴之英的弟子颜楷奉题书名。这还不包括散失的著作《诸子裔卒》15 册、《中国通史》20 册。当时的文学家、书法家赵熙称赞："其书瑰玮。"吴之英是名副其实地著作等身，闭门著书也不是凭空想象，而是那个时代真实的写照。这一点从他的《贤者避世》一文中可见一斑："第一，因变法失败，祸及清流，而今'名贤遁消，支柱为难'；第二，朝政腐败，其势已不可挽回，'故波澜滔滔者，将遂有陆沉之势'；第三，'气运递降，而欲就未来之人事，始竭吾愿，力之所穷，盖不啻颠踣摧伤焉'。"

吴之英与宋育仁是莫逆之交，曾邀请宋育仁到家乡蒙山游玩。戊戌变法失败后宋育仁被革职遣返原籍。宋先是到重庆，巴县知事周宜甫将他当成贵宾一般迎接上岸，好酒好菜款待，这时的宋育仁已显出老态，只是精神尚好，仍是头上扎着一个发髻。在重庆时求他写字的人很多，直到回成都前一天他都是从早到晚挥毫不停。1916年，袁世凯欲称帝，陈宧承旨，纠绅耆劝进，想让宋育仁领头，被宋育仁拒绝，又担心招致杀身之祸，便逃到吴之英老家避祸。两位老友得以晤面，天天在山上品着蒙山茶，畅抒胸臆。蒙山的清幽古雅使宋育仁诗兴大发，写下《暮春同吴伯竭作》：

芳草蒙山路，偕君愿隐栖。

特别是在天盖寺小憩，在永兴寺品茗，在智矩寺论诗，给宋育仁留下深刻记忆，他为吴之英的《寿栎庐丛书》作序，表达了"论交数十年而不易心"的手足情谊。君子之交淡如水，说的就是这两位，他们互相欣赏、唱和，蒙山的溪谷险峰古寺留下了两位蜀中大儒的足迹。吴之英的《煮茶》诗曾写道：

嫩绿蒙茶发散枝，竟同当日始发时。
自来有用根无用，家里神仙是祖师。

这是谢无量当年来蒙山请吴之英去成都办存古学堂时候吴写的。谢也口占一首唱和。

1913 年吴之英因体弱多病上书四川都督尹昌衡辞去了国学院院正一职，临行前慷慨解囊，捐献了薪金 900 元大洋，资助办学。回到家乡名山又以多病之躯担任县教育学会会长和县第一任高等小学堂校长，最终于 1918 年去世。下面录下吴之英与陈山民留别诗两首，以表明其心志：

> 昨闻海国动天风，高沸淇涛上碧空。
> 螺子无珠依老蚌，蛟儿有泪泣潜龙。
> 冤他山鸟都衔石，怪说水神不姓冯。
> 欲斩长鲸求钝剑，良工枉铸若耶铜。

> 爽气西来化霭云，三巴狂狡势纷纷。
> 已闻蓬岛移仙子，犹有桃源待使君。
> 自古边关资信义，由来循吏重廉勤。
> 若将旧政从新政，得暇更调雕面君。

1918 年吴之英去世时，吴虞作诗悼念他。

> 益都自昔多豪杰，儒林文苑今寥寞。
> 蜀才谁復继周秦，恊厥六艺成通儒？

吴虞："只手打孔家店"

吴虞（1871—1949 年），少时曾从吴之英学诗文，从廖平习经。老师可谓都是大师。特别是吴之英，他是四川近代史上的大家，知识渊博，诸如诗词歌赋，经史文章，声韵乐律，经方星经之学，均有成就。吴之英以《寿栎庐丛书》73 卷传世，约 200 万字，每一卷都由吴之英的另一弟子颜楷奉题书名，被赵熙称赞为"其书瑰玮"。吴之英先生游文于"六艺"之中，躬行于仁义之道，参与改造世界之列，名

吴 虞

垂青史之上，是四川近代史上不可多得的经子贯通的蜀学大师。作为吴之英高足的吴虞，评价老师说："蒙山（吴之英）为文，出于周秦诸子。"吴之英入尊经书院，受王闿运的陶冶，"闿运弟子中，诗文都能继承他的作风，而卓然自立者就要数到吴之英了"。吴虞入尊经书院，又受过吴之英的影响，并把吴之英的风范发展到另一个高度。

吴虞的另一个老师就是被誉为孔子以来中国十大儒家之一的廖平，他一生研治经学，做出了超越前人的学术贡献。他一生不惜六次否定自己的学说，是为六变。除了吴虞，蒙文通、杜刚伯、向宗鲁等

知名经学家和史学家皆出于廖平门下，但恰恰是这个吴虞离经叛道，举起了"打孔家店"的旗子。出于同一师门的弟子，各有其不同的胸怀和世界观，有的维护经学，有的离经叛道，这是作为老师的吴之英和廖平所不能左右的。

当时站在吴虞身后的人，特别是年轻人并不少，只是这些人没有话语权，人微言轻，能够站出来大声疾呼的仿佛只有吴虞，因而显得力量单薄，几乎是他一人单枪匹马与一大群耆老搏斗。卫道士们占据了道德的高地，但吴虞一点都不畏惧，一直斗志昂扬。哪怕最后被逐出四川教育界成为众矢之的也在所不辞。

吴虞是成都近郊新都新繁人，1891年入成都尊经书院。在近代史上，一大批文化名流都出自尊经书院，可见这座书院巨大的影响力。1906年吴虞留学日本。当年中国的留学生主要是下东洋，真正到达欧美的人并不多。

吴虞一生当过许多报刊的主笔、主编，还曾任教于北京大学、北京高等师范和成都大学、四川大学等。他们那个时代的文化人大多办报办教育，五老七贤中人大多走过这条路，所以弟子众多，影响广大。除了尹昌衡是唯一的一个军人之外，五老七贤无一例外的都是遗老。即便是军人的尹昌衡到了晚年也在舞文弄墨，写了《止园文集》《止园诗钞》等著作，向国学靠拢。

吴虞之所以能成为新文化运动的代表人物之一，在于他的重要思想——批判儒教，揭露吃人的"礼教"。反对以礼为准则的等级观念。他批判儒学中以孝为中心的封建专制和家族制度，什么"君君臣臣父父子子"，全都是这位新文化运动战将要批判的。他认为中国要得到真正的共和，就必须废除君主专制和家族制度，而儒家伦理学说、社会组织上的家族制度、政治上的君主专制制度是联系在一起的，必须加以批判并打倒。

这种思想在尊孔复古派人士看来是大逆不道。

五四运动前后，吴虞在《新青年》上发表《吃人的礼教》《家族制度与专制主义之根据》等文章，大胆冲击封建礼教和封建文化，被称为攻击孔教最有力的健将，在当时引起了巨大的反响。吴虞的横空出世，像是在一潭死水中投下一枚炸弹，所以在当时反应会如此激烈。那时封建礼教的根基还很深，成都的五老七贤大多是封建礼教的维护者，他们对吴虞和他的思想是极力反对的。

吴虞被新文化运动的领军人物胡适誉为"四川只手打孔家店的老英雄"。他说："孔尼空好礼"，"圣贤误人深"，猛烈抨击封建旧礼教，在全国影响很大，在成都更是激起了轩然大波，引起新派和旧派之间的长期论争。宋育仁、曾学传等对吴虞群起而攻之，欲驱逐吴虞出教育界而后快。但是，风向所致，奇言高论，颇能鼓动人心，影响士气，吴虞在当时的四川青年人中很有影响。对封建礼教深恶痛绝的年轻人终于看见了一杆反礼教的旗帜在眼前舞动，他们便有了前进的方向。

在近代欧风美雨劲吹，国学式微的状态之下，巴蜀学人一方面吸收新知，追赶科学，另一方面又怀着"以夷变夏"、亡国亡教的忧思，顽强地宣传国学，保持国粹。特别是四川还更换名称继续办学，专习经典，宣扬国学，借以维系人心，造就人才，为日后四川大学语言文学、历史学等专业的开办，培养和储备了师资，其心其功，俱可嘉赏。然而众口相辩，背弃传统以言西化，诸先生获教保种的努力一度淹没于新派人物的口水仗之中。

写到吴虞就不得不提到另一个人，这就是中国现代学术的开创人之一，博通群书的国学大家，中国古典学术赫赫有名的"扬州学派"的殿军，是与康有为、梁启超、章太炎、蔡元培、王国维等 11 位大人物并列的中国近代启蒙大师，年龄最小的刘师培。刘师培在学术上成就非凡，但在政治上却非常幼稚。刘师培曾经是民族革命的闯将，20 岁就参加孙中山、章太炎等人领导的光复会，撰有大量倡导民族革命与民主政治的檄文，自称激烈派第一人。不过几年时间他却刀锋转向，最终投奔清廷大员端方，成为辛亥革命的敌人。

刘师培1911年12月5日之后来到成都。那一天吴虞与廖平和谢无量会面，三人一同去了谢无量家，在谢无量家吴虞见到了刘师培。谢无量在上海与刘师培认识并成了朋友，所以在成都对老朋友很照顾。在谢无量的推荐下，刘师培成了四川国学院院副，并在四川国学学校执教。吴虞那时已经成名，是四川的大学问家，刘师培仍然对他十分倾慕。刘师培刚来成都不久，吴虞就向他请教扬州学派的汉学之道，刘师培欣然开列了一份书单供吴虞参考，亦师亦友的交往让二人成了朋友。这个刘师培善变，曾经的推翻封建专制的激烈派第一人不仅投奔了清廷，以致拥护袁世凯称帝，前后思想判若两人。而吴虞后来被誉为"只手打孔家店"第一人，晚年却收敛了锋芒而趋于尊孔。就是这样水火不相容的两人居然成了朋友，而且相交不错，这就是天下之大，无奇不有。

说起曾兰许多人不太了解，其时，她以吴又陵之名在报纸杂志上连续发表反孔非儒文章，这位被世人誉为"打倒孔家店"的闯将的厉害人物就是吴虞的夫人。曾兰号香祖，她从小便跟男孩一道上私塾读书，四书五经都读过，《史记》《汉书》《资治通鉴》等历史书籍更是读得滚瓜烂熟。连经学大师廖季平先生都称赞她的学问。因为她在家中排行老四，当地人都尊称她为"曾四先生"。她还是四川第一张妇女报纸《女界报》的主笔、中国南社社员。全四川参加南社的文化人有20位，她同丈夫吴虞皆在其中。原来吴虞能够成为反礼教的干将，是因为家里还有这样一位更猛的夫人压阵，夫妻俩夫唱妇随，火力全开，冲锋陷阵，形成成都最有力的夫妻档。

1907年吴虞从日本回国，继续在成都教书，在课堂上发表反孔言论，尤其是非孝、非礼的言论。吴虞曾在廖季平主持的国学院教书。廖季平就坐在门外听课，后对吴虞说：

"你有多大本事，敢非孝非礼?"

吴虞回答说:"这都是古人早就说过的,又不是我的创见。"

廖先生无言以对。关于廖平,本书有专门的章节述及,对他的思想和行为应该有了判断,他无论如何也不能容忍吴虞这种思想的出现。其实廖平也"离经叛道",但是在学术上,他只是想推倒一切限制开辟一个崭新的研究领域,同吴虞不同。

不知道吴虞是否受自己反对礼教思想的影响,他同父亲的感情早已不睦。1892 年吴虞的母亲逝世,其父要娶一个只有 15 岁的杨姓女子为妾,父子俩为这事闹翻了脸,一气之下反目分家。其父把老家新繁的田地房屋分给了吴虞,便把吴虞赶出了成都的寓所。

吴虞的夫人曾兰一生为吴虞生了 9 个孩子。第一个是个儿子,后面全是女儿。当第一个儿子千娃还是婴儿的时候,吴虞母亲去世,也正是吴虞被赶出家门之时。曾兰随吴虞回到新繁老屋。可是祸不单行,千娃生病了,乡下又缺医少药,曾兰抱着孩子回到成都公公家,希望能够得到帮助,万万没料到的是公公不仅无情地拒绝,甚至不让她们母子住。曾兰只得抱着儿子回到成都的娘家,娘家人也指责吴虞,拒不接待她们娘俩。曾兰万般无奈之下又抱着病危的儿子回到新繁,不久儿子夭折,这对于曾兰来说是天大的打击。

吴虞同父亲的矛盾愈演愈烈,父子居然大打出手,并诉讼至法庭,经年不休。官司虽然赢了,但吴虞的叛逆行为受到卫道士们的强烈攻击,受到担任四川教育会会长的徐炯强烈的反对。徐先生为文、发宣言力加斥责,动用舆论力量,将吴虞驱逐出教育界。徐炯代表的是守旧势力,对代表新思潮的吴虞很看不惯,所以千方百计要将其驱赶。张澜任四川大学校长时,曾聘徐炯到该校任教,徐炯不愿与"非圣无法""只手打孔家店"的吴虞同在该校,没有应聘。从这件事情可以想见当时双方的对立之盛。因为反对礼教,吴虞付出了巨大的代价,打击一个接着一个,但他绝不后退。

吴虞对卫道士们的那一套亦很看不惯。1922 年刘湘电请骆成骧筹备四川大学事宜，吴虞在 5 月 5 日的《晓报》上看到此消息，觉得"甚可怪。状元尚能显圣耶？"1928 年 6 月 28 日，林思进告诉吴虞，"有学生指渠为玄学妖孽，桐城谬种者"。到五四时期成都青年一提到五老七贤就产生一种厌恶心理，认为他们阻碍了历史车轮的前进。吴虞自谓是与成都闭塞、顽陋风气宣战的人，在他看来曾鉴、尹昌龄都是些缺脑筋无眼光之人。他在 1918 年十二月初八的日记中写道："三数年后，世界思潮弥漫中国，此等旧世诗文家必受天然之淘汰，当其冲者罗瘿公、陈石遗、赵尧生诸人是也。"1926 年 6 月 28 日，骆成骧去世，8 月 8 日，吴虞在日记中写道："成都幸又少一老物。"1929 年12 月 4 日吴虞在日记中称赵熙"顽旧爱钱"。吴虞并不是单方面遭到炮轰，他的反击也是很猛烈的，一点都不妥协。

在青年学者眼中，五老七贤是清朝遗老的代表，是古董，宋育仁"已老得霉臭"。尽管吴虞被守旧派围攻，然而吴虞名气大，学问高，尤其是对先秦诸子有很深的研究，所以，1921 年夏，受蔡元培、胡适之邀请到北京大学任教，历时 4 年。在北京时他同许多名流广泛交往，但他的课只重校勘注释，对思想学术的分析较少，这可能与他反对礼教的思想有关，便不再受到学生的欢迎。20 世纪 20 年代中期，吴虞打道回府，重新回到成都。

吴虞的夫人曾兰并不只是一个家庭主妇，她曾收藏《洪稚存先生北江诗话》6 卷，这是一本很重要的书，对她影响很大。此书由洪亮吉先生所著，汤成彦先生点评，周锡光先生校刊，咸丰八年（1858年）刻于成都。现归成都汉籍文献图库。洪吉亮何许人也，清乾隆五十五年（1736 年）中殿试第二名榜眼，授翰林院编修。嘉庆四年（1799 年）洪亮吉上书嘉庆帝论及时弊，多有慷慨之词，被流放新疆伊犁。后遇大赦返回故乡，从此放浪山水之间，晚年著《北江诗话》。洪亮吉先生侄儿汤成彦在故乡偶得此书，视如珍宝，抄了一部带至成都，每遇风潇雨晦之晨，或酒阑灯炧之夕，或胸中苦闷，或意不自得，便开卷急读，豁然开朗。汤成彦后遇周锡光，也爱此书，竟将家中几十亩土地卖了一半，用这笔钱刻印了此书。曾兰收藏此书后爱不释手，还在书上盖了两方印章。

文中述及此事是想说明曾兰的品位。她在 1915 年写了一篇白话小说《孽缘》，发表在《小说月报》第 6 卷第 10 号上。故事讲一个才色俱佳的女子被贪财的母亲包办婚姻，嫁给土财主，土财主好吃懒做，风流成性，竟然弄了个妓女回家。财主家人挑拨离间，搬弄是非，认为儿子的堕落是娶的媳妇的过错，公婆不把儿媳当人看待。这个嫁错郎的女子从此在这个腐败黑暗的家庭里过着凄苦无助的悲惨生活。

曾兰小说中自然有她自己的影子，她嫁给吴虞如同生活在小说中的情景。曾兰的这篇白话小说比鲁迅先生的《狂人日记》发表时间还早了整整 3 年。因为吴虞父亲的不接纳，曾兰的儿子千娃因病没有得到救治夭折，这使曾兰肝肠寸断。

1926 年，吴虞被成都大学聘为教授，执教五年，接着在四川大学任教两年。吴虞后来为国立四川大学专门部同学录写序，回忆当时的情景说："国学专校，创自民国。其时吴伯竭师、廖平前辈、刘申叔、谢无量诸公，聚于一堂。大师作范，群士响风，若长卿之为师，张宽之施教，蜀才之盛，著于一时。"从这段文字可以看出吴虞对当年盛况的怀念，但时过境迁，盛况不复在也，回想起来也只能是一片怅然。而这之前的 1917 年，成都巷战再起，曾兰与家人避祸于西门万佛寺。屋漏偏逢连夜雨，曾兰不幸得了急性胃炎，疼痛难忍，有好心的外国传教士送来几粒安眠药，服了几粒，不料竟在 1917 年 11 月 19 日于熟睡中长眠。

可能正是这种种的不测和境遇，以后吴虞逐渐沉寂，礼佛日勤。文人的结局不外三种，一种选择弃世，一种遁入空门，还有一种则是苟延残喘于世。吴虞选择的是第二种。

1933 年 7 月，吴虞因遭到尊孔复古派的排斥打击被迫辞职。被解聘后的吴虞赋闲在家，出世的思想更浓。具有他那种思想的人，又处于那样的年代，结局大多如此。本来是很活跃的一个人，爱与人结交，赋闲后却变得沉默寡言，连门都懒得出，更不与人交往，说明他已失去了战斗性。40年代后他便闭门不问外事，几乎成了隐士，可见心已成灰。1938年至1941年，为了躲避日机轰炸，吴虞全家从成都文庙后街迁至老家新繁，将新繁宅第命名为爱智庐，在此讲学，接待来访之人。吴虞迁回成都后在新繁的宅第仍保护完好。

尹昌衡：诱杀赵尔丰

尹昌衡（1884—1953年），成都彭州人。少年时因身材高大异于常人，当地人称为"尹长子"。特别在四川，人都长得比较矮小，所以尹昌衡的出现便有鹤立鸡群的感觉。有资料记载尹昌衡的身高有1米9以上，但这种记载并不十分准确，据笔者考证在1米8左右是比较靠谱的。这也不得了了，当时川人的身高大多在1米6左右，当地人身高1米5左右的也普遍。1897年，因家人离开彭州搬迁到成都水津街开起了卖米的铺子，尹来到了成都。其实彭州离成都并不远，现在已是成都所属的郊县，但在交通不发达的过往，彭州离成都就不能算近。

成都的水津街地处城区东南部，清代，街西侧有府河渡口，水运繁盛。"津"即为渡口或码头之意，街名由此而来。水津街在成都历史上非常重要，这是因为它是成都有名的柴市。旧时成都人烧的都是木柴，木柴有两个来源，一是从灌县（今都江堰市）顺水飘来的木柴，另一个就是"南路柴"，从成都南边的新津、大邑、邛崃等地砍来的杂木，这些柴靠水路运到成都，正好聚集到东门的水津街。水津街上有很多柴店，那些挑夫、车夫、帮佣清早起来找到活路，挣了几个铜板才去柴店买两捆把把柴，称一升米，买两样小菜回家度日。因而，尹家在水津街上开的米店正好可以做百姓的小生意。

尹昌衡（左）和罗伦合影

尹家搬到成都，尹昌衡到了名师云集的尊经书院读书。尊经书院在成都的重要程度自不必说，它培养了四川近代史上一大批风云人物。在这里经过浸染的尹昌衡自然要在历史中演出一场轰轰烈烈的大戏。1902 年，尹昌衡考入四川武备学堂第一期，得川督岑春煊赏识而被保送到日本留学。1904 年在日本振武学校学习，毕业后升入日本士官学校，1909 年学成回国。这就是青年尹昌衡的求学历程，先是从彭州到成都，再到海外，尹长子算是开了眼界，并有了深谋远虑。他不再只是成都水津街上米店老板的儿子，他已经成长为成都历史上一个举足轻重的人物。

尹昌衡归国后先在广西任一些小官职，不能有所作为的他于一年后回到家乡成都担任了四川督练公所军事编译科长，这仍然只是一个小角色。尹昌衡注定是要干大事的，他在等待时机。尹昌衡英武帅气，有一副标准的军人相貌，性情豪爽，敢于仗义执言，很讲江湖义气，这些品格使他获得很高的声誉，结交了很多的朋友。干事业的人中有些是条件不足需要加倍努力的，尹昌衡却是自身条件优越仍然十分努力的。加上他能言善辩，能诗喜文，更有过人的胆识，很快便成为军官中颇受关注的人物。一心想干一番大事业的尹昌衡已有很高的志向。

1911 年，轰轰烈烈的保路运动拉开序幕。这年 4 月，清廷任命"屠夫"赵尔丰为四川总督，赵尔丰凶残的名声在外，清廷想借赵尔丰的强硬手段把事情压下去。敢说话的尹昌衡看出了赵尔丰的虚张声势，赵的内心并不似想象的那么强大。尹昌衡曾劝赵尔丰顺应百姓意愿，不要用血腥的手段对付平民，但赵尔丰根本不听他的劝告。赵认为尹昌衡只是一个小角色，无关紧要，反而把他软禁起来。端方奉清廷命令任钦差大臣，统率鄂省新军一协到川查办。清廷认为川省保路风潮扩大，是由于赵尔丰镇压不力所致，有密令予端方，可以就地拘捕赵尔丰。

此后，赵尔丰在成都制造了流血惨案，但民怨民愤并没有被镇压下去。赵尔丰看出形势不对，他已无法掌控，清廷的统治已摇摇欲坠，他也要随机应变，便借四川陆军小学堂外籍总办被学生驱逐的机会做个顺水人情，临时任命尹昌衡为陆军小学总办，意图缓和矛盾，拉拢住尹昌衡。这个小人物已经长大，声望也越来越高，令赵尔丰不能小觑，赵尔丰试图把尹昌衡抓在手里。但尹却乘机同川籍军官们团结起来，形成了不小的势力。尹昌衡善于利用一切机遇，心中早有谋划，机会总是属于有准备之人，这下历史的重大机遇就要降临到尹昌衡的头上。

这时成都传来重庆光复的消息，端方授首，鄂军起义，川东南全部响应，并于这年 10 月 7 日宣布独立。先前，赵尔丰虽为形势所迫，释放了蒲殿俊、罗伦、颜楷和张澜等 9 人，但赵尔丰尚拥有巡防军 30 营，藩盐两库存银现款 600 余万两，兵饷皆在握。同年冬天，赵尔丰被迫下野，以文告宣布"四川自治"，以蒲殿俊为都督，朱庆澜为副都督，并筹组了"大汉四川军政府"。赵尔丰在交印的同时，宣布了所谓"官绅协约",约中有请赵尔丰仍主边务及扩充军备,供应常年费、兵饷费四五百万两等条文。更为荒谬的是仍请赵尔丰留成都,暂缓赴川边,以便遇事商求援助指导。赵尔丰仍然拥有很大的势力,带着军队留在成都并伺机东山再起。

川民认为根据此项所谓协约,赵屠夫仍然手握重权,后患将不堪设想,一时舆论哗然。蜀军政府立即在报纸上对"协约"逐条加以严词驳斥,深入揭露赵尔丰等的阴谋,号召全省人民群起反对。赵尔丰仍居督署,拥兵自重,一旦发生变乱,实系全蜀安危,于是军政府决定推派副都督夏之时率军西进,讨伐赵尔丰,支援成都独立。军政府为了安抚川籍军官,便委派尹昌衡为军政部长。

蒲殿俊就职都督后许各军休整 10 日,发给 3 月的薪饷,以示酬劳。在赵尔丰、田征葵支使下索饷者纷纷,特别是田征葵,干了不少坏事,巡防军尤为骚扰。12 月 8 日,军政府都督蒲殿俊、副都督朱庆澜和军政部长尹昌衡等人在东较场阅兵。阅兵结束后朱庆澜忽然宣布军库已经空虚,3 个月的饷银不能按时发放下来。此话一出立即引起骚乱,士兵朝天放枪,场面一时失控。赵尔丰的人混在士兵中制造混乱,这一切早已在田征葵的策划之中,东较场兵变只是一个导火索,赵尔丰早已预谋好了,而蒲殿俊等人浑然不知。东较场点名放饷时,仅给饷 1 月,巡防军首先哗变,当场枪杀了发饷委员。赵尔丰早在幕后策划兵变,以秘密口令"启发"为联络信号。乱兵们冲出东较场,先抢光了藩库的银子,又抢商店银号,连普通人家也不放过,见门就入,见钱就抢。城里火光四起,枪声大作,四处都是乱兵和逃难的百姓,百姓们要么门窗紧闭,要么逃出城门,大火 3 日不绝。新军和巡防军"饱掠出城扬散"。这就是成都人说的"打启发"。

东较场乱作一团,蒲殿俊和朱庆澜在宪兵的保护下才翻过城墙逃走。尹昌衡却很镇定,他骑上快马飞奔出城来到北郊的凤凰山陆军军营。这就是尹昌衡与其他人的区别,临危不乱,头脑清醒,还有应对的手段。

凤凰山是成都城外一处屯兵的好处所，清代、民国都在此处驻军，1931年又建起了飞机场。尹昌衡在这里点起几百名新军士兵入城，配合各路同志军维持秩序，始稍见安定。

虽然没有凤凰，人们却总喜欢以凤凰给山命名。全国有多少凤凰山无法考证，但大约每省各地都有。成都的这座凤凰山之所以出名便是因为在近代史上它曾是一座军营，驻的新军，有陆军公园，规模宏大。赖心辉任省长时准备另建营房，将旧营房拆除，房料堆积如山，赖命全部送了慈惠堂，尹昌龄利用这些木料在外东大田坎一带修成一条街，开设了商店等等，为慈惠堂办了一件大事，这是题外之话。

"打启发"兵变最大的赢家正是尹昌衡，没有这次兵变他很难取代蒲殿俊上位，尹昌衡抓住这个机会，在危机时刻勇于担当，连夜弹压，3天之后兵变平息。由于蒲殿俊潜逃，尹昌衡被推举为新改组的四川大汉军政府都督，罗伦为副都督。

兵变之后，赵尔丰竟公然以"总督部堂"名义发出布告"安民"，其忠实爪牙傅华封率川边清军已至雅安，复辟罪行愈益昭著，这就危及了刚上任的尹昌衡的既得地位。尹昌衡的举动也令人奇怪，他公开提倡哥老会组织，进行袍哥化管理。他在都督府大门上挂出一个"大汉公"的招牌，自封为大汉公的"舵把子"，天天到成都各街的"公口""码头"拜客，各公口码头也都为他挂红敬酒。他每出去一次必披一身红绸布回来，堆在床上后又去拜客，如是往返，都督府上处理公事都找不到人。也不知道这是不是尹昌衡故意为之，尹昌衡聪明异常，他的每一个行动都有其目的。因为都督的提倡，成都公口林立，一片混乱，甚至出现不少奇装异服、背刀挂彩，头上挽着英雄髻，脚上穿着泡花草鞋的人。各地袍哥组织一时纷纷响应而涌向成都。

以蔡锷为首的滇、黔、湘三省军政府联名通电诋斥成都军政府为袍哥政府，表示不予承认，进而声称要进军成都。尹昌衡这才取缔了哥老会，在向楚的斡旋下重庆军政府与四川军政府合并，尹昌衡为都督，张培爵为副都督，向楚任秘书厅厅长。但局势仍很危险，赵尔丰拥兵自重，随时可能反扑。张澜和罗伦都劝说尹昌衡要解决掉赵尔丰，否则局势不能稳定，军民的怨愤也不能消除。但赵尔丰因"赵屠夫"之名著称，杀不了他反被他所害的人不在少数，尹昌衡下定决心，决定用计杀掉成都老百姓最为痛恨的赵屠夫。

尹昌衡先要稳住赵尔丰，便只身前去拜访，装作很亲热的样子，说不论时局如何变化，都愿意和赵尔丰互相提供援助，赵尔丰自然表示同意。赵尔丰放松了警惕，自以为得计。其实赵尔丰仍然没有把尹昌衡估计到位，老奸巨猾的赵尔丰也会犯错，以为尹昌衡只是一个不过如此的小角色，不料尹昌衡有雄才大略，关键时刻并不缺少勇气。1911 年 12 月 22 日凌晨，尹昌衡调集数千人的部队将赵尔丰的住所总督府围得水泄不通，只留下下莲池街没有封锁。又派都督护卫团团长陶泽锟带着数十人的敢死队，从总督府后院直接杀入赵尔丰的卧室。赵尔丰万万想不到，他还在睡觉，尹昌衡的人已冲进来了。

下莲池街的通道留给总督府里的巡防军，要让他们有逃路，否则会困兽犹斗。尹昌衡包围了总督府后就向里面的军人散发了"告赵军书"，承诺只要投降的不追究责任，可见他准备得十分充分，每个细节都在掌控之中。于是巡防军都作鸟兽散，从下莲池街跑了出来。巡防军一向听命于赵尔丰，但在这种危机时刻也是树倒猢狲散，并非铁板一块。何况赵尔丰是死是活谁也不知，也不见他出来指挥战斗，巡防军糊里糊涂地散开来，还被自己的人误伤了不少。

赵尔丰的老婆翻墙跑了，只有一个丫鬟在开枪抵抗，一代屠夫的贴身保镖居然只是一些女流之辈，平常吹得神乎其神，关键时刻战斗力并不是很强。赵尔丰躲在床底下，被抓住后押往皇城坝的明远楼。尹昌衡焦急地在明远楼上用望远镜张望，督府离皇城并不远，也就两个街区的距离。陶泽锟让 4 个壮汉将赵尔丰扛在肩上，他举枪在前面开道，后有卫兵护送，一路从督府的后门冲出来，直奔皇城。也许是还没有摸清火门，这一切发生得太快，一路上并没有人阻拦。只听见赵尔丰的叫骂声。此时倘有巡防军士兵出来救人，赵尔丰还有起色，但巡防军已失去领导，只顾逃命，无人前来救火。赵是一个矮小的老头，所以抬着他并不困难。一个杀人魔王，身边护卫森严的赵屠夫居然如此快刀斩乱麻一般被人生擒，历史上许多事件都发生得如此戏剧化，令人无法捉摸。

一路上都有百姓欢呼，说"来了！来了"！

4 个壮汉将赵尔丰抬上明远楼扔在尹昌衡面前，人们这才松了一口气。但赵尔丰态度蛮横，不肯低头，虽然只是一个小老头，却并不是一个软蛋。他之所以落此下场全是因为他对形势判断的失误。尹昌衡在这里召开公审大会，围观的成都民众成千上万。尹昌衡当众列举了赵尔丰的罪状，并让部下陶泽锟行刑。在这种事情上要有决断，时间拖久了恐怕生变，尹昌衡果断下了命令。手起刀落，成都老百姓恨之入骨的赵屠夫人头落地，在地上滚了好远，还横睁怒目，死不闭眼，嘴巴一张一合，似在怒骂诅咒。

其实赵尔丰一生征战，杀气腾腾，他的巡防军也颇有战斗力，只是他低估了尹昌衡的能力和决心。他以为他所在的督府固若金汤，不料却被尹昌衡的敢死队迅雷不及掩耳地攻破。更重要的是赵尔丰在成都已失去了民心，人们都盼着早日将他拿下。清廷也处在崩溃之中，社会在大变革中动荡。赵尔丰的巡防军主力又远在雅安，远水解不了近渴，所以他被斩首在皇城的明远楼侧，人们无不称快。特别是尹昌衡，只这一举，他就在历史关头建立了丰功伟绩，载入史册。

赵尔丰被诛公堂，悬首示众游街时，躲在房顶上的赵尔丰保镖张德魁突然现身为主报仇，向尹昌衡开枪，所幸只打穿了尹的军帽，张德魁被尹昌衡的卫兵生擒。一个卫兵在如此紧要的关头敢于挺身而出为主报仇，被擒拿后一点也不惧怕，尹昌衡见张德魁是个忠义之士，并不杀他，反而将他释放，一时传为佳话。

赵尔丰的子孙被颜楷保护起来，他反对戮及赵的家人，将赵的子孙收养在家中，数年后送返东北老家。

不到数日，蜀军就拿获了清四川巡防军统领田征葵，这个凶残地屠杀成都人的刽子手化妆易服，由成都乘小舟东下，欲从水路潜逃，终为蜀军抓获。军府得报，复派李湛阳、向楚、江潘前往查证属实。张培爵、夏之时等召集官兵集会，将田征葵押解至阶下，命军法宣读罪状，大意谓成都之变，田征葵指挥军队枪杀无辜请愿百姓，论事实则祸之首，论法律则罪之魁。田征葵闻听了自己的罪状，佯作不省，强笑曰："欲加之罪。"在当众揭发田征葵残杀百姓的累累罪行之后，张培爵、夏之时当众宣布斩首，树立木牌上书"民贼田征葵之首级"，枭示于市，老百姓大为称快。

成都兵变后，朱庆澜易服潜逃到重庆，住方声涛家。姜登选引见他见夏之时，夏之时以朱庆澜为以前的老长官，曾任四川大汉军政府副都督，赠送他路费 300 元，送他东下而去。

尹昌衡在之后的处置都很得力，这显示了他的指挥能力。他又采取措施取得了旗人的信任，并顺利收缴了旗兵的枪械，稳定了成都的局势。不久后又令彭光烈带着部队远赴雅安，剿灭了赵尔丰死党傅华封的部队，清廷的汉中总兵江朝宗的部队也在赶赴成都的途中被消灭。蜀军政府闻赵既已伏诛，乃罢西进之军，迄于资州而止。1912 年 4 月 27 日，成渝两地军政府合并成立四川都督府，尹昌衡被推举为联合军政府都督。

这一时期尹昌衡的军政府出师入藏。当时流亡成都的国学大师刘师培仍然关心政治，但是他的言论已经不能引起当局的重视，何况这个刘师培还是清廷派往四川来镇压保路运动的端方的高级幕僚，全靠蔡元培和章太炎等人因他学问渊博保他，才使他捡回了一条命。刘师培给尹昌衡写信,反对军政府都督尹昌衡出师入藏。尹昌衡照计划出征,得胜而归,这对刘师培是又一次打击。刘师培不久后便离开了成都。

1913 年 11 月,袁世凯以商议川边诸事为由把尹昌衡骗到北京,欲诱其为己效劳,袁世凯已了解了尹昌衡的能力,对他不能放心,所以千方百计不放他回川。对于袁世凯的诱使,尹昌衡不为所动。袁世凯大怒,马上给尹昌衡罗织了一个"亏空公款"的罪名将其抓进了监狱,并判处 9 年徒刑。尹昌衡被困于狱中,再也无所作为,这一关就是好几年,这几年的时间对于尹昌衡来说本来是可以有所作为的。直到 1916 年袁世凯死后,尹昌衡才被黎元洪特赦出狱。

半生戎马的尹昌衡回到成都,归隐闲居不问政事,他一生中最为辉煌的日子已一去不返,也不知他家开在水津街上的米店还在不在,老宅也是人去屋空了吧。那座凤凰山的军营倒是还在,也是铁打的营盘流水的兵。一介武夫只能混在一群绅耆文人组成的五老七贤之中,其他人不是状元就是翰林举人,只有他没有功名却当过四川军政府都督。

跃马横刀的武人却特别喜欢花草树木。辛亥革命中的风云人物,后来被袁世凯解了兵权,政界失意,晚年便附庸风雅,与那群前清遗老时常聚在一起喝点烧酒,啖盖碗茶、吟风弄月、谈古论今,种花弄草,过着优哉游哉的闲逸生活,并重拾笔墨,写下了《止园文集》《止园诗抄》等著作。

他解甲归田后,其部下刘成勋任川军总司令兼四川省长,不忘旧情,拨了 14 万大洋作为补发给他的薪饷,他便用这笔钱在忠烈祠南街买了一块地,修了个新居,取名"止园",表示他不问世事,心如止水。尹都督这是要大隐于市了。他还在园门上题了副对联:"闭门种菜英雄老,与尹论心松柏香。"他经历过轰轰烈烈的时日,将清朝重臣赵尔丰诱杀,自称英雄也说得过去,但说自己闭门种菜就过于夸张。

止园占地18亩，建筑面积只占很少一部分，不到五分之一，其余部分辟为花园，广植花木。种菜只是托名，养花才是真心。

武人种花并不亚于园丁，以金竹为墙，夹竹桃为篱，园内种了很多兰花、桃花、牡丹……一年四季花开不断。他还专门请了一个花匠为他栽种浇培，使得满园鸟语花香，在闹市中造出一处幽景。尹昌衡选的这个花匠姓廖，泸州人，祖传四代都是花匠，所以有奇招。他种桃树是将桃子连肉带核尖头向上埋入粪土之中，再覆以肥土。到了春天发芽了就将小桃树苗连根带土移栽到别处，扦插移植时要宜阴忌阳，避免太阳直射。用这种方法种出来的桃树枝繁叶茂，花期最长，花色最艳，结出的果实又大又甜。可见干任何事情都有窍门，这也就不难理解当年尹昌衡要在成都到处立公口和码头，并自称大汉公和舵把子。尹昌衡请一个花匠都要找一个奇人，奇人花匠尤善嫁接，不仅将桃李杏互相嫁接，柑、橙、桔也互相插枝，他还可以使白梅与冬青互相嫁接变成墨梅，樱桃与贴梗互接变为垂丝，贴梗与梨子互接变为西府……尹家花园成为一个实验场。"花小者可大，瓣单者可重，色红者可紫，实小者可巨，酸苦者可甜，臭恶者可馥。"花匠有一整套的特殊嫁接方法，关键是主人尹昌衡不仅欣赏而且鼓励。

与众不同的人不仅会参与时代的变迁，哪怕种花也喜欢炮制出新奇品种，一个人是墨守成规，还是勇于创新，是基因就决定了的。

晚年的尹昌衡仍在标新立异，只不过战场转移，从凤凰山的军营和总督府转移到忠烈祠南街止园的花圃。

尹昌衡还将一块菱形的花圃命名为"十二客坞"，种了十二种花木，都是名贵的品种，如牡丹、梅花、丁香之类，别人问他十二客坞是何意思，他答意思有两层，一是古人将牡丹称为贵客，梅花叫清客，菊花为寿客，瑞香叫佳客，丁香素客，兰花幽客，莲花静客，茶花为雅客，桂花为仙客，蔷薇是野客，茉莉远客，芍药近客，统称十二客，皆为花中君子。另一层意思是我有幸被乡亲们列入五老七贤之列，刚好也是 12 个人。他们都很清佳优雅，我是个粗人，就算个野客吧。

后来尹昌衡被刘成勋接到大邑县又住了几年。大邑的公馆没有成都的止园宽大，他仍然辟了花园，广植花草树木。他还特别喜欢猫，黑色的、白色的、杂色的，一应俱全，还有外国品种的波斯猫，一共 8 只，所以他的花园叫作"八猫园"。

1953 年，被人称为最后的一个都督的尹昌衡病故于重庆。

廖平：一代经学大师

廖平（1852—1932 年），出生于四川井研县，字季平，原名登廷，又名登庭，改名平。室名双鲤堂、四益馆、六泽馆。他是著名经学家。早年入成都尊经书院深造，光绪五年（1879 年）中举，光绪十六年（1889 年）进士，选授龙安府学教授。历射洪、安岳教谕，绥定府学教授，又曾为尊经书院襄校，嘉定九峰书院、资州艺风书院、安岳凤山书院山长。任

廖　平

成都优级师范高等学堂、客籍学堂、存古学堂教员。1913 年后任四川国学学校校长，1921 年兼任成都高等师范学校、华西协合大学教授。

廖平虽获得了进士功名，但他无心于仕途，一生大部分时间都投身于教育。他自称研究宋学，渐而专析今古文经学。其学善变，戊戌政变前十年，则尊今抑古，颇守今文家法。作《今古学考》两篇，述今学为《知圣篇》，古学为《辟刘篇》。康有为的《新学伪经考》《孔子改制考》即由此推衍而来。廖平平生著述甚丰，博学渊识，除经学外，兼及医术、堪舆等类。

廖平家中有六个兄弟姊妹，他排行老四，三个哥哥帮父亲操持家务，廖平因年幼帮不上忙，不能让他无所事事，什么都干不了，只好被送到私塾念书。父亲送他读书根本没有远大目标，仅仅只是让他以后能够在自家开的糕饼店做个账房先生。在四川偏远的井研县的乡镇上知书识礼的人很少，能识几个字当个账房先生就可以了。但要实现这么低的目标仿佛也不容易。早年的廖平天资平平，记忆力特别差。在当时的科举制度下，全靠死记硬背，廖平的表现这么差使父亲大失所望，父亲认为这完全是在浪费学费，令廖平退学。廖平并不甘心，他其实喜欢读书。

一日，他拿了钓鱼竿跪在祖宗灵位前起誓说："如果我将来读书有成，祖先就保佑我钓两条鲤鱼。"然后出门直奔溪涧，结果不知是不是巧合，廖平真的钓到了两尾鲤鱼。在乡镇上谋生的父亲以为祖宗真的显灵了，于是烹鱼祭祖，第二天就牵了廖平再投私塾。这一行为改变了廖平的一生，他因为读书成为一代经学大师，倘使没有钓到那两条鲤鱼他的人生又将是另一种格局。所以，在生命的某一个节点，一个不起眼的行为就可以改变一个人的人生轨迹，一代经学大师廖平如果当时没有如自己的暗示去钓那两尾鲤鱼，他的经学之梦也就无法实现。从这层意义上来说钓鱼的行为是一种偶然，也是一种必然，偶然寓于必然之中。

背诵不在行，廖平便另辟蹊径，索性从死记硬背中跳出来，在思索和创意上下功夫，其实把书本上的东西全部背下来又有何用，思索反而使他有了心得，这反而促使他走上了一生求索的思考创新之路，最终成为一代经学大师。学有所成后，题其室为"双鲤堂"。那两条鲤鱼成了一种臆测，也是一种暗示，毕竟能成为一代经学大师的人同别人的想法是无法一致的。

几年之后廖家在镇上开了茶馆，廖平再次辍学，在茶馆跑堂。但他的心思始终在学业上，无心掺茶倒水。读过书的人如廖平者同乡镇上其他没有读过书的年轻人想法是不同的。一辈子在掺茶倒水中度过，他岂能甘心。一次掺茶不小心将水溅到客人身上，客人勃然大怒，不依不饶，又是呵斥，又是羞辱。这件事只是一个引子，早就不甘心的廖平毅然离家出走，躲进一处破庙捧书苦读，廖家人对他的举动大为感动，干脆让他遂了心愿，在庙中青灯书卷，四季不倦。这种发奋努力是非常必要的，为他以后的功成名就做了很好的铺垫。

1873 年，张之洞任四川学政，此年举行院试。张之洞对廖平很为赏识，录取为第一，补县学生（即秀才）。3 年后参加科试，被选调尊经书院公费学习。张之洞来到四川，担任四川学政，对四川近代的教育影响极大，当年的尊经书院云集了一大批有志之士，如"戊戌六君子"之一的杨锐，"只手打孔家店"的吴虞，还有一大批中国近代史上的风云人物，如彭家珍、宋育仁、蒲殿俊、吴玉章、骆成骧等等。廖平不会死记硬背，在尊经书院学习提倡的是发散性思维，这很适合他，其文章也很有见解受到重视，与张祥龄、杨锐、毛瀚丰、彭毓嵩一起被称为"蜀中五少年"。

在许多描述记载中，后来成为一代绅耆的大学问家如廖平、宋育仁、刘咸荥等都是早年资禀特异，其实廖平除外，其家贫，独嗜学，完全是靠努力打拼出来的。其中，这些人都在尊经书院就读，且都有深受赏识的经历，这一点很重要，如果没有前辈的这种赏识他们不可能很早就获得如此自信，并取得成就。早期如廖平，"南皮张之洞督蜀学，拔识之，选入尊经书院。时湘潭王闿运主讲席，平师之，称高弟弟子，与绵竹杨锐，汉川张祥龄齐名"。得到王闿运赏识的还有宋育仁、吴之英、徐炯、骆成骧等，这些人后来都成了五老七贤中的核心人物。由此，可见张之洞地位的重要，亦可看出王闿运作用的巨大。这两个人对四川的近代教育中产生了不可磨灭的影响。也恰恰是这两个人对廖平都有慧眼独识之举，因而成就了他的事业。

关于骆成骧与廖平之间还有一段十分有趣的典故。资中骆成骧曾与井研廖平同处尊经书院，从王壬父学习，骆曾对王说廖写的文章好新奇，新奇正是廖平所追求的。民国壬戌，廖平以年事已高辞去成都国学院事，推荐了好些人来继任都不答应，问到骆成骧后却答应了。骆成骧到国学院，将廖平的学说全部推翻，学生中有不平者，在廖平返回学校接回其事时，学生愤然当面质问说，廖先生的学问，骆先生说全不可用！骆成骧不紧不慢地回答说，我与廖先生的争执，已经数十年矣，哪里是从今天开始的。廖平大笑，质问的人不得要领，只好莫名其妙地走开，而骆成骧与廖平之间的友谊始终很好。他们所有的争执只是见解不同而已。

1923 年，组织成立国学学制改进联合会，从根本上改良学制。宋育仁为会长，廖平、骆成骧为副会长，文龙、刘豫波等为会员，以"发皇国学，汇通新旧，改良教育，支配学科，广造人才"为主旨。

推倒一时，开拓万古；
光被四表，周流六虚！

这是廖平自署的楹联，他试图将古往今来经学史上一切界限和樊篱推倒，开辟一个无比广阔的研究天地。他一生中六次否定自己的学说，是为六变，这是需要无比的勇气和自我批判能力才能做到，需要精湛的学力和胆识方能下定决心。自我否定并非常人所能完成。这就是一代经学大师廖平的治学态度。

章太炎认为："其第三变最可观，以为周礼王制，大小异治。而康氏所受于君者，特其第三变也。"

廖平与康有为的经学思想的关系，至今仍是一段学术公案。廖平自称治学凡六变，以一变、二变影响较大，其代表作有《古今学考》《知圣篇》《辟刘篇》等。廖平的经学不仅在经学史上有重大贡献，而且，在整个近代思想史上都有独特的意义。

廖平一生门生众多，黄镕、蒙文通、杜刚伯、向宗鲁等知名经学家和史学家皆出于他的门下。蒙文通 12 岁之前在盐亭老家读私塾，四书五经及诸子百家已能流畅背诵。12 岁之后蒙文通随伯父到四川的文化中心成都读书，到他1911年进存古学堂聆教于廖平、刘师培时，已经有了扎实的国学根底。存古学堂是蒙文通学术事业的起点，蜀中大儒造就的浓郁古典氛围使他如鱼得水。这位天才少年异常勤奋，常常是除睡觉、上厕所外，数月不出书房门，每日三餐均由师母送到里面去吃。

蒙文通在存古学堂淘到的最初一桶金是在廖平指导下完成的《孔氏古文说》，这得到了老师廖平的看重，并刊载于1915年第8期《国学荟编》，其时蒙文通年方20岁。蒙文通作为廖平的学生却同老师性格不同，爱坐茶馆，喜欢听川剧，"杀馆子"，还能喝二两，并同社会上的三教九流交往，平常蓄有长胡子，美髯垂胸。一根二尺长的叶子烟杆不离手，但这并没有耽误他的学业治学，7年后推出新作《经学导言》，对老师廖平的学说加以质疑。对于学生的心得当时身患偏瘫的廖平态度却很平和，他读过学生的大作后表示佩服，并看出蒙文通必成大器。学生有自己的见解，"不以其或违己说为忤，且大善之"。这就是廖平，在爱徒有不同见解时持开放的态度，并以"文如桶底脱底，谜团得以解开"来形容蒙文通这本书，这同廖平一生治学六变的态度是一致的。

廖平另一位颇有成就的高足就是国学天才向宗鲁。向同样出生于贫寒之家，1911年春，在文伯鲁与龚春岩两位先生的资助下进入存古学堂。廖平对向宗鲁的敏慧怜惜不已，作为一个穷书生和教书匠廖平生活得并不富裕，手头甚至还很拮据，经常靠售卖他的藏书来解决经济紧张，但他又十分惜才，不但免去了向宗鲁的学费，还每月按时补贴他两块大洋的伙食费，这一切向宗鲁都看在眼里，他甚至悄悄地把自己的被盖和蚊帐拿去典卖，将老师卖出去的藏书收回来。在那个贫穷时代师生之间情同父子，先生不仅在教学，也在教人。对于老师为自己做的一切学生没有说过一个谢字，他知道自己要努力成才，这就是对老师最好的报答。廖平的学生不管是蒙文通，还是向宗鲁都想成为老师廖平那样有渊博知识的大家，廖平不仅影响着自己的学生，连梁启超和康有为的公羊学也取法于他。

前面说过廖平的记忆力特别差，他的能力在于思辨力，但他的学生向宗鲁记忆力却特别好，所以他就成了老师的活字典。廖平在写作时经常记不住那些典章故籍就大声召唤向宗鲁，这比查书考证还管用。向宗鲁站在老师身旁，老师问什么他都能倒背如流，所以说师生的交流是相互的。廖平这种爱才惜才的品德深深地打动了学生向宗鲁，在他成为老师后也是对学生慷慨解囊，在重庆大学任教时向宗鲁的妻子每月都要列出一笔钱来资助贫寒学生。所以一个叫罗之辉的学生在晚年回忆老师向宗鲁时写诗赞道："乃知师恩厚，还在父母前。"旧时教育的特点就在于一日为师，终身为父，这种师徒关系维系了中国几千年的教育体系，从孔子开始传承到今天。

廖平是"今文经学家"，刘师培是"古文经学家"，二人同为四川国学院的副院长，同在国学学校授课，不同的是一个是本地人，一个是外来户。廖平大讲义理之学，刘师培却高谈汉学真谛。廖平以为训诂学迂腐，刘认为天命说无根。廖主张"经史分流"，"治经学侧重孔子制作，主讲孔经哲学"；刘师培则倾向于"六经皆史"，"去除经的神秘性与神圣性，将经典文献化"。这两个人在许多问题上都有不同看法，并争执不下，其焦点集中在对"今古文"的起源认识上。

当时他们的学生，后来也成为经学大师的蒙文通说："时廖、刘两师及名山吴师并在讲席，或崇今，或尊古，或会而通之，持之有故，言各成理。朝夕所闻，无非矛盾，惊骇无已。"

有一次蒙文通完成了一篇刘师培布置的文字训诂作业，"蒙文通答卷三千余字，工笔正楷，一笔不苟"。刘师培阅后甚为满意，给了98分的高分，并批语加以赞赏："首篇精熟许书，与段、许得失融会贯通，区别条例，既昭且明。按语简约，尤合著书之体。次亦简明，后幅所得各例，均能详人所略。"但廖平却对如此治学手法不屑一顾，他对蒙文通另授机宜，说治学要"通家法，明条例"，否则"枉汝一生有余，何曾解得秦汉人一二句。读《说文》三月，初足可用也"。

在廖平看来这些声韵训诂之学"迂曲不适用,究其所得,一知半解,无济实用"。

廖平对自己的学说是很看重的,他的学说对另一位今文经学大师康有为产生了启发,所以廖平敢于自信。刘师培则对章太炎、康有为的学说一贯持批评态度。但章太炎并没有否定廖平的学说,章太炎曾说:"廖平的经学,荒谬处非常多,所得也很不少。在兄弟可以批评他,别人恐怕没有批评他的资格。"

刘师培却能批评廖平,可刘师培极得章太炎赏识。刘师培在入蜀前和入蜀后都对廖平的学说加以反对,就孔子"五十知天命"的解释,二人观点迥异。刘师培看来廖平的"天命"之说已走向异端与荒诞,失去了学术的理性与求真的谨严。

刘师培在成都的时间并不长,仅1年有余,但他同廖平同在一所学校授课,又都是国学院的院副,低头不见抬头见,十分熟识。二人的治学途径不同,但刘师培也并没有全盘否定廖平的学术成就。章太炎和刘师培并不同意世人全面否定廖平的观点,刘师培"虽批评廖平或贸更前籍,赘附骈辩,却支持廖平简化文字,务反俗词的主张"。对于廖平的论学研究他曾经评论说:"季平虽附会周章太甚,然能使群经连环固结,首尾相衔成一科学,未易可轻也。"刘师培不愧是清代扬州学派的领袖级人物,他对学术对手亦能有如此尊重可见其理性和公允。

1911年,廖平担任《铁路月刊》主笔,鼓吹"破约保路"。四川军政府成立后,受聘任枢密院院长,后任四川国学学校校长和华西协合大学教授,并在成都高等师范学校任教等等。廖平教书的存古学堂为以后四川大学的建立奠定了基础。后存古学堂扩大,更名为四川国学院,国学院因校舍不足又迁至三圣街和大慈寺,廖平、曾瀛、李尧勋等名流在此教学,培养了郭沫若、李劼人、周太玄、王光祈、相子敬、蒙文通等大家。而廖平本人一生坎坷,屡遭诬诋,有人甚至以"离经叛道,行俭不修"的罪名弹劾他。他被革去教授之职并交地方严加管束，这时他已经 58 岁高龄。旧时的国人寿命都不长，五六十岁已是高龄，人生七十已是古来稀，不似今人八九十岁仍然健康，所以 58 岁的廖平已是老气横秋，没有了奋斗的意志。一生将自己的学问变来变去，一方面说明他的勇气，另一方面也显出他没有定论的无奈。他的学问连自己的学生蒙文通也在质疑，作为经学大师的廖平岂有不怅然若失之感。1924 年，廖平回归家乡井研，不复出，可以想见他当时的心情。

廖平一生著述甚丰，已出版的著作有 140 余种，可谓著作等身。主要辑为《四益馆经学丛书》，后又增益为《六译馆丛书》。廖平被誉为孔子以来中国十大儒家之一，这种评价不可谓不高。廖平一生在学术上的成就超越了前人，正因为他离经叛道，试图将一切限制推倒开辟一个崭新的研究领域的这一举动得罪了许多人，才不断受到攻击，但不管怎么说，在五老七贤演绎的那个时代对社会各界的影响亦很大。

回到家乡的廖平虽然心如死灰，但他并没有停止著书立说，仍然在奋笔疾书，像他这样的大儒和思想家是不可能停止思考的。1932 年，廖平为了联系出版自己的著作亲赴成都，不料走到乐山，忽发大病，随行的人马上将他抬回井研。那时路途艰辛，道路破败而又曲折，井研与成都之间隔着漫漫长路，而且没有任何医疗条件，未及抵家，半途卒于乐山一个乡场上，终年 81 岁。廖平辞世后，著名学者章太炎为他撰写了墓志铭。

方旭：五老七贤中的外省人

方旭（1851—1940 年），字鹤斋，著有《鹤斋诗存》，晚号"鹤叟"，又号"鹤侪"，乃方苞后裔，侄儿方子易。安徽桐城人，清末进士，1885 年乙酉科拔贡。前清翰林、四川提学使。方旭是成都五老七贤中唯一的一个任职四川的外省人，民国后他隐居在成都。

方旭在四川各地任知州和知县时，兴革除弊，体察百姓的疾苦，解除了牢狱中的冤枉之人，在断案时主持公平公正。他曾经任华阳知县，只干了 3 个月，在这么短的时间中既多次破获巨盗，后又开办学校，在州县倡导，并且启用有名望的人来教学。此时正值清廷兴起开办新学，废科举、兴学堂的时候。即任命方旭于光绪二十九年（1903年）以四川省学务处提调身份出洋去日本考察教育，方旭孜孜研究学习，颇有心得。回到四川后出任学务公所总办，不久又主持署理提学使。

这时四川教育刚开始萌芽，各种各级学校的规章制度及教育方案，大多是由他亲手制定的。这位非四川籍的方鹤斋先生，人称方鹤老，是五老中的最老者，人们把他当成老前辈。民国后他息隐家居，不问世事，每有众人列名揭帖刊布，方旭总是居于首位，可见时人对他的尊敬。

方旭在办学时力求创新，去除旧习，不激进不盲动，取别人的长处而不是取其皮毛，避我的短处又不损伤我固有的传统，培养有真才实学的人才，为国家所用。在他任期的 5 年之中，培养出了上万人才，盛况空前。方旭之所以受到成都人的尊敬，立于五老七贤之中，除了他的贡献和名望，更主要的是成都是一座移民城市，成都人不排外。在成都历史上，外来的人在成都做出重大贡献，为成都人尊崇的现象不少，两千多年以来成都都是一座包容的城市。成都人不似有些地方的原住民那般看不起外来人，既然都是外来的移民，也就不存在本土意识，更不会排外，这促进了成都这座城市的繁荣。而且，在成都办教育的张之洞和王闿运等都是外地人，因他们做出的贡献受到成都人的敬仰，方旭的景况与此类同。成都是一座文化之都，对文化人尤为关注，所以方旭才能如鱼得水。

　　光绪三十年（1904 年）方旭任夔州府代理知府，三十一年（1905 年）离任。当时的报纸称赞他对"振兴夔州中学，甚为热心，调理井然"。他一到任就委派杜翰藩经手，用夔属 6 县宾兴会款在奉节县西坪原御史傅作楫故宅基地修建夔府中学堂校舍，第二年春天落成。校舍宏大宽敞，设施齐全，可以容纳 6 县学生 300 多人上学。同年 4 月，方旭尚未离任，由继任知府鄂芳正式招生，创立了夔州府第一所官立中学堂。方旭在短短的 1 年任期内就干成这件大事，其经过鄂芳撰有《经始记》，方旭也撰有《落成记》刻石刊于校壁。只可惜此碑于 1917 年 1 月毁于火灾。

　　关于方旭修建夔州府中学堂，奉节白帝庙内还保存有光绪三十一年（1905 年）六月他所撰写的一块碑记《都宪傅公享堂记》。其中说明"夔州中学堂既成"，校舍建在"故都察院右副都御史傅公之故宅"。方旭为此曾下令用建校剩余的材料，修享堂三间供奉傅作楫，并把他从傅的子孙处看到的康熙皇帝赐给傅的六言诗手迹，委托杜翰藩双钩刻于石上，还建立了一座碑亭。碑记中方旭对傅作楫还是一名小县官时就敢于杖责太监，晚年用家宅创办圣泉书院兴学事迹称道不已。现享堂、碑亭早已不存，六言诗碑却因为方旭刻石而能保存至今。

方旭对教育一贯关心，1916年设吏学馆，曾鉴、曾培、方旭为主讲，颜楷为教员。1920年12月4日，青年会开会，请方旭到会演说，题目为"共和国家亦有君臣之义"。1922年2月教养厂举行毕业典礼，亦请方旭莅场。1922年5月少城公园佛经流通处成立，绅耆方旭、曾鉴、骆成骧、宋育仁、刘咸荥等观礼。1929年7月愿善堂举办武圣会，请方旭演说，并欢迎方旭为名誉总理。从这些记载中可以看出方旭的名望和社会活动之多，其中多数时间他都在传播他的教育理念。

　　前面说过方旭制定了许多学校的规章制度，光绪三十年（1904年），他在出任夔州知府时对夔州府和奉节县教育行政机构亦有建树。他在原木牌坊文峰书院支持下，建立了夔府学务综核所，制定有《学务综核所章程》，明文规定夔府师范学堂就直属综核所管理。方旭从日本考察学务回到四川后针对当时改行新学存在的问题，写过一篇《州县学堂谋始》，在文中他认为"学堂为今日第一要务，舍此更无自救之策"。他指出"学堂与书院不同，不专为造士而设，课程宜浅近，办法宜平易"。办学堂的目标是"以开风气，敦实业，造成明毅忠爱之人格为主义"。他批评道："今徒言设学，无有筹及教养员者，岂非大误？"

　　同是提倡教育，徐炯是尊孔复古，弘扬礼教与宣扬孔孟程朱学说，刘咸荥提倡的是劝善，廖平是以经学为本，方旭办教育有自己的一套，针对留学生回国后无所用武的情况，建议留学日本的近7000学生从事教师职业，各州府县增设学官。庚子以来已过去了整整4年了，州县中兴办学堂的有多少？如果始终如一地提倡，从教师入手，顺应天时地利，今天必有成效了。到了今日仍然不作打算和规化，4年的时间只是一瞬，只不过把书院的名字改了，并无所办学堂之实际内容，以为这样就算办出了成绩，再过4年，仍然是这种虚浮的状况，岂不可悲。

　　方旭在夔州办学正是大刀阔斧地改革，从经费难入手，征收学费，并不断地实践着他的办学主张。

除了办学，方旭同其他绅耆一样参与赈济。1918 年 7 月，重庆时疫流行的消息传到成都，方旭等 60 多人在骆公祠组织防疫研究会，专门研究时疫防治的方法和药品。规定如果每年阳历七月后尚无时疫发生，即改为医学研究会，每逢二五八日开会研究一次，如遇疫症盛行时，则每日开会研究一次。至于各善士捐助该会的基金，如果本年度没有疫情发生，或有盈余，则拨作施棺送药之费用。

1933 年 12 月，方旭等人组织蓉社，征集名人书画，于阳历元旦开办展览会以募集资金作救济难民之用。1934 年上海香祖书画社主事王兰来成都开办展览会后告诉记者，在成都文艺界得到的赞助颇多，尤其五老之中的方鹤斋和刘豫波老前辈，题诗赠画，更为难能可贵。从这些记载中不难看出方旭是个积极分子，参与了很多的社会活动，但他挂冠引退后，"清贫特甚于卖文鬻字"，靠卖字画维持生计，可见他的生活过得十分清贫。

辛亥革命后方旭定居成都，而不是回到他的家乡安徽桐城，靠他的积极活动成为民国时期成都著名的五老七贤之一，并赢得成都人由衷的尊敬。方旭为人比较平和，不似徐炯"色庄言厉"，徐的脾气大，他办的大成学校有《戒约》10 条，动不动就要严惩，徐炯上修身课时，很少照着课本讲，倒是多数时间在骂人，骂新学，骂人心不古……所以徐炯与刘咸荥、方旭的来往相对就不如同曾鉴、尹昌龄那样密切，毕竟这两位是他的拜把子兄弟。刘咸荥性情洒逸，所以他同方旭来往较多。

辛亥后，赵熙在成都寓居，与宋育仁、方旭、邓鸿荃等人结成词社，从《赵熙集》中可见，方旭与五老七贤中的林思进、尹昌龄、徐炯、骆成骧等人多有诗词唱和。有资料记载方旭与著名画家齐白石还是相知，但两人之间并没有诗词唱和的交往，按理说如果相知二人应有书画诗词往来，这是文人交往过从的常例，只是查不到两人唱和的记载，所以关于这一点暂且不提。

民国二年（1912 年），方旭曾在自家门前悬挂一幅质朴无华的木质门联，上书：

油油不忍去，鹿鹿无所长。

这充分反映了方旭温厚、谦逊，不同流俗的思想情趣。方旭一生并没有发生过什么激烈的大事，显得波澜不惊，在成都时除了参加一些社会活动，还在成都高等师范学堂授课，讲他的"桐城义法"。用成都话说方旭并不是一个跳颤的人，从来不与人结怨，虽然参加的社会活动不少，但重大的历史事件中却看不到他的身影。不似宋育仁或骆成骧，在重要的历史关头都有重要的表现；也不同于尹昌衡，越是在紧要之时越有精彩的表演。方旭的一生十分平淡，似乎没有什么惊天动地之举，却同样赢得了人们的尊重，在五老七贤中举足轻重，声誉并不低，这也许就是常言说的平凡之中孕育着不平凡。

成都的诗婢家至今仍然著名，在当年与当时的社会名流、书画大家，包括五老七贤中的曾焕如、方旭、赵熙、尹昌龄、林山腴、刘豫波等关系都很密切，同时又满足了成都人对书画的爱好，其影响日益扩大。成都一些市民家里都挂着五老七贤的书法，就是在诗婢家选购的，这拉近了市民与大师的距离。成都人很爱附庸风雅，是因为成都有大量的文人存在，文风总是在成都平原上拂动，能够在自家的客厅里挂几张本土的名人字画，这是成都人引以为豪的事情。成都的字画市场亦很热闹，能够欣赏字画的市民大有人在，历史文化名城的城民就是不同，这促进了名人字画的收藏之风的发展。一座城市能够养活那么多的书法名家在中国是少有的，毕竟，在五老七贤这些大书家之外，成都还有一大批书画家存在，如果没有一大批拥趸者他们是生存不下去的。

有这样一段故事，说的是抗战初期，蒋介石在成都庆祝 3 年"禁烟"告成，在少城公园烧鸦片，纸扎牌坊上贴着方旭撰写的一副对联：

> 于今三年，哀我人斯，诞先登于岸；
>
> 唯此六月，嗟而君子，继序思不忘。

在写这副对联时方旭已经 87 岁高龄，他同徐炯和刘咸荣一样功名本并不高，完全是靠个人魅力得到人们的敬仰。五老七贤中最长寿的当属刘咸荣，活到 92 岁，第二长寿的就是方旭，接近 90 岁逝世，逝世前还写下"哀我人斯""嗟而君子"这样的对联，真是一生都在忧国忧民。

方旭一生的著作并不多，不似吴之英有洋洋洒洒两百万字的著作传世；亦不如廖平，出版著作 140 余种；更不能同《推十书》的作者刘咸炘相比。五老七贤中著作等身的大有人在，作为教育家的方旭留下《鹤斋诗存》，成为不朽的著作。

邵从恩：大起大落的跌宕人生

邵从恩（1871—1949 年），字明叔，清末及民国政要，四川眉山市青神县南附乡（今南城镇）人。1904 年中进士，实授山东省烟台县知事，邵从恩并未前往就职，而是辞职不任，留学日本。邵从恩的这种选择正是他性格的独特之处，也正是因为有这种独特之处，才造就他一生中与众不同的处事之道。

邵从恩

邵从恩与近代许多知识分子一样有过留学日本的经历，在日本入东京帝国大学，研习法律政治。五老七贤中的颜楷亦曾赴日本学习法政。1906 年邵从恩回国，由四川总督赵尔巽奏请朝廷，调邵从恩回四川襄助新政，出任过四川公立法政学校校长等职。招收具有相当文化程度的学生入学。其时科举考试已被废除，故投考者极为踊跃，招收的学生中不乏秀才和廪生、贡生等。初设的课程有：《人伦道德》《日语》《算术》《大清律例》《大清会典》《法学通论》《民法》《国际公法》《国际私法》《商法》《刑法》《行政法》《宪法泛论》等。除中国古典外，大多是邵从恩引进的日本教材，并从日本聘用留学人员回国任教。

另一位在近代史上与邵从恩有过类似经历的就是蒲殿俊，天资聪慧的蒲殿俊是由母亲启蒙，1905年又公费派遣去日本留学，入法政大学学习，接受西方教育。邵从恩回国后任法部主事，后回四川开办绅班法政学堂，并出任监督，又兼办川汉铁路事宜等等。邵从恩在日本学习期间在东京曾面晤孙中山，并秘密加入同盟会，这一点尤为重要，为他整个一生的事业发展埋下了伏笔。五老七贤中亦有多人同孙中山有过交往，如谢无量同孙中山的交往就很密切，并受到孙中山先生的赞赏；包括向楚，1917年任广东护法军政府大元帅府秘书，1918年孙中山任命向楚为四川省政务厅长。

邵从恩幼年从父读书，在那个时代读书不易，父母往往就是自己最初的老师。直到20岁邵从恩才中秀才，30岁中举人，1904年中进士时已经33岁。清光绪三十四年（1908年）从日本回国已经37岁，这个年龄放在今天已经有了教授头衔，并带出许多研究生了，好在邵从恩被授法部主事，曾亲手制定了全国法官考试条例及其他法规，后回四川主办第一个政法教育学校——绅班法政学堂，培养造就了当时奇缺的政法人才。

邵从恩回川后发生了一件大事就是清宣统三年（1911年）四川的保路运动，领导者之一正是前面提到的蒲殿俊。英、法、德、美等国争相与腐败透顶的清政府谈判，谋夺在四川修建铁路权益。蒲殿俊等人在日本联合学生300余人集会，议定尽力认购筑路股金，为川民做出表率，电告四川总督锡良，并致书全川父老乡亲，敦促大家解囊集股，修路救亡。

保路运动在四川近代史上是一起影响广泛的事件，它不仅影响了全川，也直接影响到全国，最终成了清政府倒台的导火索。后来成为五老七贤的人物中有许多人直接或间接地参与了保路运动，其中最为积极的就有蒲殿俊、罗伦、颜楷、张澜和邵从恩等。

1905年，在社会各界的压力下总督锡良被迫将川汉铁路公司由官办改为官商合办，又于官办之外加派一位绅士督办，这看起来是作了很大改良，其实公司的实权仍旧掌握在腐败无能的官府手中。次年，蒲殿俊等人再次在日本集合数百名川籍学生组成川汉铁路改进会，他被推为该会会长。

1908 年，蒲殿俊由日本返回中国，接着返回成都出任咨议局长，与官府斗争。邵从恩也是在 1908 年返回国内的，但在北京任法部主事。1911 年保路运动进入高潮，9 月 2 日，清廷派端方率兵来川查办，并命总督赵尔丰严加镇压。1911 年 9 月 8 日，这一天下着滂沱大雨，成都邻近各县民众数万人进军省城，他们是接到从府河和南河顺流飘下的水电报而高呼着口号拥进城的。9 月 10 日民众围城，20 万民众与清军激战。

赵尔丰被称为赵屠夫，他诱捕了以蒲殿俊为代表的保路同志会 9 人，搜查蒲殿俊等人的家，查封了宣传保路的报刊，此事成为保路运动的导火索，赵尔丰竟大开杀戒，制造了成都血案。时在北京的邵从恩闻讯后，即回四川会见汉路大臣端方和总督赵尔丰，力劝释放保路同志会的要人。10 月 10 日武昌起义，辛亥革命爆发，清政府惊慌失措，电令赵尔丰放人。此时邵从恩也规劝赵尔丰，端方和赵尔丰恐事态扩大难以收场，11 月 4 日将蒲殿俊、罗伦、颜楷和张澜等 9 人释放。

赵尔丰虽为形势所迫释放了 9 人，但他尚拥有巡防军 30 营，藩盐两库尚存现款 600 余万两，兵饷皆在握。邵从恩、陈崇基等人认为赵尔丰一日不下台，四川局势则一日不安定，便商议如何将政权转移。陈崇基奔走于诸绅士之间，邵从恩与吴钟镕则赴督署，相机劝说赵尔丰。往返周折 36 天，赵尔丰与清廷已失去了联系，消息隔绝，自知前途无望，这才承认将军权交与十七镇统制朱庆澜，政权交与邵从恩。

其时，谈判是很纠结的，邵从恩以法政大学校长的身份和威望同陈崇基一道代表民意和赵尔丰特派的亲信吴钟镕、周善培等官方代表进行谈判。邵当即指出目前国内大势所趋，人心所向，推翻专制，建立共和，已成为不可抗拒的历史洪流。赵必须改弦易辙，及早宣布四川自治，把政权交由四川人接管，才能得到川人的谅解。赵如及早交出政权今后才会有安置。

吴、周回报了赵尔丰，邵从恩也向咨议局及保路同志会诸绅士协商，随即由邵从恩、陈崇基代表绅方，吴钟镕、周善培代表官方会谈，提出绅定条件11条，官方条件19条。双方协定签字，迫使赵尔丰交出四川政权。

关于总督一职，赵尔丰本想请邵从恩出任，但邵坚决拒绝，并主张由咨议局议长蒲殿俊出任。在政权交接之日，在交接会议上邵从恩大义凛然地从赵尔丰手中夺过总督大印，转手交到蒲殿俊手中，从此宣布四川独立，进入民主共和新时期。

邵从恩认为国体且改共和，都督宜由民选。省民大会既然不能在短时间内召开，则应以省民间接选出咨议局议长任之。赵尔丰害怕四川老百姓仇恨自己，认为朱庆澜拥有新军尚足以控制，想依照湖北的事例，以朱庆澜为正都督，蒲殿俊为副都督。邵从恩说湖南都督谭延闿也是文人，如果民选的议长安置为副职恐怕不合符舆论。在商定了所谓"官绅协约"30条之后，赵尔丰发布文告宣布四川自治。于是蒲殿俊为都督，朱庆澜为副都督，并筹组"大汉四川军政府"。在整个事件过程中邵从恩可以说起到了很大的作用，没有他从中斡旋，事情不会如此和平演变。

武昌起义后，蒲殿俊出任都督，成都宣布独立，但蒲只当了12天都督就因士兵哗变被尹昌衡取代。孙中山说："若没有四川保路同志会的起义，武昌革命或者要迟一年半载。"这是对四川保路同志会在辛亥革命中所做贡献的客观评价。

这期间邵从恩被尹昌衡任命为川南宣慰使，张澜任川北道宣慰使。后邵又任四川军政府民政部长。成渝两军政府合并后，改民政司，邵从恩任民政司长。在尹昌衡掌握实权期间公开提倡哥老会组织，实行袍哥化管理，关于当时的情形在尹昌衡一章中有过描述，总之，当时的形势十分混乱，危机重重。都督府大门上挂出一个"大汉公"的招牌，自封为大汉公的"舵把子"，成都军政府被蔡锷为首的滇、黔、湘等三省军政府联名通电诋斥为"袍哥政府"，不予承认，尹昌衡见势头不好，这才下令取缔哥老会，同时与重庆蜀军政府合并。

民国二年（1913 年）7 月，邵从恩在北京任法制局参事。北京政法大学开办时，邵从恩任教授，主讲宪法。后因曹锟贿选登台，邵从恩愤而辞职到天津向佛学居士韩德请求学习佛学，虽长斋茹素，却仍心系民族安危与人民困苦。这一点同当年邵从恩辞去烟台县知事不就而选择去日本留学如出一辙，邵从恩性格刚毅，绝不同流合污。在清帝退位，处于朝代更替之时，无所适从的宋育仁率领全家迁居到江西的茅山栽桑种麻，企图以隐居来对抗社会的大变革，其实根本不能真正隐居。邵从恩选择向佛同宋育仁选择隐居一样，也只是一种消极和无奈的暂时行为。对于一个文人来说每到历史紧要的关头无奈之中只有选择避世。在 1926 年 7 月，邵从恩、颜楷、骆成骧、刘咸荣等作为四川省佛教会名誉会长，联衔致函重庆各当局，请转商杨森勿提庙款。这件事说明邵先生一心向佛的同时，还在不断地为民请命。

民国二十年（1931 年），"九·一八"事变后，邵从恩写下诗一首：

壮志未酬白发生，边疆板荡几时平？
倘有龙泉孤剑在，横流击楫斩长鲸。

伪满洲国总理郑孝胥派人请邵从恩前往相助，并许以高官厚禄，遭到邵从恩的拒绝。后来，伪满洲国的官员及日本人多次来到邵家劝邀，邵从恩义正词严地讲："我不愿做亡国奴！"并说："历史上没有哪一个儿皇帝寄人篱下、仰人鼻息有好下场的。宋徽、钦二宗落入金人手里时是怎样的情景，难道你们不知道吗？高宗赵构摆脱了金人的控制，恢复了南宋半壁江山，这才有泥马渡江的故事。我劝你们也应及早回头，才不愧为中华儿女和炎黄子孙。"

同年7月，两个日本人自称是邵从恩在日本帝国大学的同窗学友，也来劝邵从恩参加伪满政府，并不断进行威胁利诱。邵不堪其扰，为了摆脱其纠缠，举家迁回四川。

由于仓促启行，家中衣物书籍都来不及捡，遂乘京汉铁路火车到达汉口，改乘轮船回到重庆，暂住在表侄陈健蜚家。

1935年初，刘湘任四川省政府主席，住在重庆，闻听邵从恩归来四川，心中大喜，于是亲自出马，特聘邵从恩为四川省政府高级顾问，并拟请他出任四川民政长官，但邵婉言辞谢，只答允在四川公务员审查机构"铨叙委员会"任职。

1935年秋，四川省政府由重庆迁到成都，邵从恩全家也随同到了成都，居住在成都槐树街，抗战时期，为了避日本飞机的轰炸，全家移居到郫县安德铺。

在四川，邵从恩与张澜的来往最为密切，这之后的一段时间邵从恩都与张澜密切合作，参政议政，并组织民盟。

张澜（1872—1955年），比邵从恩早一年留学日本，进入东京弘文学院速成师范科学习。1904年张澜在日本倡言西太后应还政于光绪，清驻日公使拟以散布叛逆言论将其押解回国治罪。在保路运动中张澜担任四川川汉铁路特别股东会副会长，是保路运动的领导者之一，与蒲殿俊一道被赵尔丰逮捕，经历了生死考验，经过邵从恩等人的斡旋，张澜被释放。1938年7月，邵从恩和张澜到汉口参加国民参政会第一届第一次会议，经吴玉章的介绍，认识了周恩来和董必武等人，并接受中共团结抗日，为和平民主努力奋斗的思想主张。

1936年冬，邵从恩长子一琴英年早逝，还在老家留下了一家老小，这给邵从恩增加了无限悲痛。邵从恩想不到儿子发病那么急，连请医生回家看病都来不及就与世长辞了，这真是白发人送黑发人。65岁的邵从恩强忍住心中的悲痛，又一次回到青神，料理了儿子的丧事，带回了孙子启龄和侄孙云章，将他们安置在安德铺务农。

1944 年 2 月 13 日，邵从恩与张澜、李璜等人联合发起组织成立"成都民主宪政促进会"，张澜被推为临时主席，张志和、蒙文通等 56 位知名人士到会。张澜主持大会，说明该会是以研究宪章、促进宪政、倡导民权、实现民主为宗旨。后来，张澜、李璜、邵从恩等人在成都对记者发表谈话，一致认为，无论从国内还是国际的需要看，都要成立联合政府，实行民主政治。民盟全国代表大会后，张澜与邵从恩等人于 9 月 26 日由重庆飞返成都，立即通过报纸将有关主张传达给社会各界。

1946 年 1 月，邵从恩到重庆参加政治协商会，在开幕式上疾呼停止内战，和平建国。1947 年 5 月，国民政府最后一次参政会在南京召开，邵从恩前往参会，临行前曾说："此行是拼老命争取和平。"

会议期间他确实拼上了老命，当面质问蒋介石："全国期望和平停止战争，不知主席有何难而必欲诉诸武力？"

前面说过，邵从恩的性格刚毅，对于蒋介石蛮横的无理反斥，邵从恩气急，当场中风倒地，当即面部发赤，口角颤动歪斜，顿时晕倒，由宋美龄、李璜两人急趋扶起，送往中央医院急救。经检查为中风，住院医疗，数日后始苏醒，醒来后口不能言，但心中念念不忘国事，念念不忘和平，当病情稍有好转，能张目视人，即在病床上要来纸笔，写下"内战不停我不乐"7 个字登在报纸上。可见邵从恩的刚烈，被国人称为"和平老人"。

1947 年邵从恩返回成都，中风后他已半身不遂。1949 年 10 月 1 日，邵从恩在成都病逝，终年 78 岁。临终前，家人告诉他中国人民政治协商会议在北京召开，邵从恩兴奋地说："和平有望，人民得福了！"

庞石帚：受人尊仰的人

庞石帚（1895—1964 年），名俊，祖籍重庆市綦江县。在介绍庞石帚的时候，你找不到翰林或进士之类的头衔，这一点同谢无量和吴之英有一点类似，这几位都是没有功名之人，但都是卓尔不凡，并在近代史上留下大量著作之人。庞石帚的情况还要更为特殊一些，他甚至没有正规地进学校读过多少书、上过什么学，他一生也没有做过什么官，所以没有官衔。他倒是当过成都几所大学的中文系主任，这不知道算不算官位，但肯定也算是一种头衔吧。他确实在学术上造诣颇深，在年轻时就用他的诗词征服了成都的五老七贤中的赵熙和林思进等人，并且同他们中的许多人过从甚密，最终成为他们中的一员。

说起来他完全就是自学成才的典范。他家不是什么书香门第，其父名德仲，原在农村务农，庞石帚填家庭成分也只能填"农民"。他父亲因为生活艰难而辗转流徙到了成都，当了一名厨工。庞石帚 1895 年 9 月出生在成都，这种状况有些类似于今天的农二代，上一代人是农民去城里打工，第二代虽然也是农民后代，却生在城市，并没有种过地，当过真正的农民。但他们的情况又与真正的城里人不一样，这首先是在心理上，其次还是在生活的状况上，他们要真正融于城市得有几代人的功夫。

生在城里的庞石帚，少年时无兄弟，独享父母的宠爱，得到了接受启蒙教育的机会。庞石帚后来成为大学问家与他的学习经历密不可分。他的启蒙开始于私塾，那个时代的旧知识分子大多是私塾老师教出来的。如同那个时代的手艺人都是师父带徒弟带出来，都不是正规的学校教育培养出来的。

庞石帚上过小学，又升入商业学堂学习，为什么会读商业学堂这一点已不可考，推测起来可能是穷人家的孩子对商科有更多的期待也说不定。越是穷困的家庭越是希望自己的孩子能当个生意人，发一点小财，能够在这个社会上立足。考虑到这一点就不难理解庞石帚念商业学堂的初衷。这同官宦人家的孩子的选择很不相同，他们大多选择科举，能够考个举人进士之类好入朝混个一官半职。即便如此，庞石帚17岁时还是因为家庭贫困而辍学。辍学后的庞石帚并没有闲散度日，而是去姐姐家教外甥萧坚士读书。

庞石帚17岁就当上了私塾老师，虽然教的是外甥，但也正是这段经历，才让他因为生病就医认识了名医沈绍九，得到沈医生的赏识，而到他家里去做专馆老师。这一年庞石帚20岁，父亲去世，家庭状况更是雪上加霜。虽然他聪明过人，却完全失去了去学校继续读书的机会。在这种困境中，不得不靠当私塾老师糊口，但他仍对读书有浓厚的兴趣。

像庞石帚这样的人注定是为读书而生的，不管他生在农村还是城市，也不论他是贫穷还是富有。那个时候庞石帚什么书都读，博览经史诸子，兼及杂书小说，并开始写诗作文，各种文章十分精好。他的写作的能力是一种天分，并不要老师教，倘使没有这种天分，单靠老师的教授是培养不出一位有成就的文人的，这一点早已被古往今来无数文人的经历所证明。庞石帚的文章有人说其文有苏东坡、王安石、黄庭坚的风格，其实在模仿这些名家之余庞石帚也有自己独特的风采。

五老七贤中多人都没有进过正规学堂，而是靠自学。像谢无量这种公认的大家也不去考取什么功名，照样可以靠博学传世。包括吴之英也是对功名淡然，成为没有头衔的大家。庞石帚走的就是这条路，靠自己的领悟能力往前走，走出了一片广阔的天地。

庞石帚是为赵熙、林思进所奖掖的后辈，《赵熙年谱》记载："庞俊于 1922 年投诗请益，赏其才俊，次韵和答，并函荐于友人林思进，聘华阳中学，而后书疏往还，多所奖进，由是成学知名，教授各大学。"这段文字记述的是 1919 年庞石帚 24 岁时的事情。

庞石帚敢于以诗投献当时的大诗人、大儒赵尧生肯定是十分自信的，并不以为自己身份的低微而胆怯。关键是赵熙这个大学问家极为推赏这个年轻人，马上写信给自己的好友华阳的林思进推荐，林思进当时作为华阳县立中学的校长，难得的是不看文凭，更不论出生和出处，仅凭赵熙的一纸推荐信，即聘庞石帚到华阳中学任教。这就是那个时代的特点，一切只看你的水平，不看你的学历，所有的职位都为有才能的人开放，甚至不看年龄轻重，更不论资排辈。另一方面也说明林思进对赵熙的充分信任，他相信赵的判断力，经他推荐的人肯定是有才学的。

庞石帚抓住了这个机会，第二年又被张重民聘到成属联立中学（今成都石室中学）任教。这改变了庞石帚的人生轨迹。人生一旦进入正轨，不仅有了明确的方向，也意味着提速。

赵熙可以说是庞石帚的提携者，庞石帚 1924 年遇到了人生的另一个提携者，这就是赵熙的弟子向楚。在向楚的推荐下庞石帚又执教于成都高等师范学院，任教授。《赵熙年谱》记载其"由成学知名，教授各大学"。像庞石帚这种状况教中学已算奇迹，现在又去大学当教授，算是奇迹中的奇迹。那是一个不看文凭的时代，大学教授中没有学历和文凭的人大有人在，只要你有真才实学就可以堂而皇之地站上讲台。这种状况在今天发生的几率几乎为零，一个白丁想要当上教授这是痴人说梦，但在庞石帚所处的年代却是不断发生的事实，甚至不用考试，仅凭某人的一纸推荐信足矣。

这之后庞石帚一直执教于各大学，历任成都师范大学教授兼中文系主任、四川大学教授、华西协合大学教授兼中文系主任、光华大学教授兼中文系主任。

林思进在人日、重九、端午等节日要宴请成都的亲朋好友、五老七贤和得意门生,他家的"嘉会燕乐"在成都"厨传精好,冠绝蜀都"。而与林思进结交的蜀中才俊除了曾孝谷(曾培之子)、向楚、赵少咸、龚向农、吴君毅之外,就数庞石帚最受器重,庞石帚、李培甫二人尤为林思进"深眷"。这一方面说明赵熙、林思进十分爱才,另一方面也证明了庞石帚才高八斗,才可能受到这种尊敬。这是一个活生生的鲤鱼跃龙门的故事,当年的农二代成了今天执教鞭者,并成为林山翁的座上宾,享有充分的话语权,这期间的转变一定还有史料未曾记载的细节。那个时代缺少档案,资料也很欠缺,文人之间许多的事情都是靠轶史野闻或笔记留传,因而许多细节失去考证或失传,这是十分可惜的事情。

在成都,庞石帚先生的好友还有向宗鲁。他身材瘦弱,其貌不扬,声不宏亮,辞不华丽,也不口若悬河,这就是人们对向宗鲁的印象。在廖平一章中述及过向宗鲁的记忆力了得,连庞石帚这种文才兼具的人与他交往之后也对向宗鲁所具有的才华大加赞赏。向宗鲁当时在四川大学当教授,他授课时根本不带课本,所有的内容全部装在他的大脑中,可以只字不漏地背出来,还可以即兴发挥,难怪他的老师廖平那么器重他,庞石帚当然也就成了他的粉丝。

生活中的向宗鲁似乎有些木讷,一副书呆子气,然而一旦涉猎文字,他顿时变得妙趣横生、诙谐幽默。有些人口若悬河,但文字呆滞;有的人语言木讷,却文采飞扬。那种又能说又会写的人其实并不多见,因而成为文人中的翘楚。

关于庞石帚和向宗鲁的交往有过一段趣闻,可以看出文人之间交往的与众不同。1939 年庞石帚在华西协合大学中文系当主任,他希望向宗鲁也去任教。此时向宗鲁任教于四川大学便婉拒了庞石帚的好意。仅过了一年,向先生便任四川大学中文系主任,庞写信祝贺的同时调侃道:"邂逅不如意便还就孤。"这是孙权寄周瑜信中的话,向宗鲁用孙皓给司马炎的表文之中的话作答："臣于南方亦设此座以待陛下。"

这就是传说中典型的文人式的交往，在常人看来不免显得有些文绉绉的，甚至被粗人看成"酸不拉叽"，但个中的乐趣亦是文人们乐此不疲而情有独钟的。

那个年代在大学教书生活十分艰苦，为了贴补家用，庞石帚不得不到中学兼职。他先后兼职过华阳中学、成属联立中学（今成都石室中学）、成都县立中学（今成都七中）、私立树德中学（今成都九中），今天成都最好的几所中学四、七、九他都曾兼职过。出身贫寒的庞石帚在困苦中奋起，洁身自好，一心只在教书和研习学问上，不问政治，不做官，不参加任何党派，靠自己的才能和品德，引得学生们由衷的尊仰。

中华人民共和国成立后庞石帚仍然在四川大学任教授，并兼任古典文学教研室主任，一生不断学习的他在60岁高龄时居然还远赴重庆高等学校教师研究班学习，回到川大后他教的中国文学批评课尤为火爆。他教授的这堂课以刘勰的《文心雕龙》、章太炎的《国故论衡》为教材，他还曾撰写《国故论衡疏证》。庞石帚的一生没有大起大落，他很少参加社会活动，所以报纸杂志很少提及他，关于他的记述大多是通过他的学生的口述或他的学术著作产生的影响力。这一点同五老七贤中的方旭有些类似，但方旭还要经常出席各种社会活动，庞石帚却很少抛头露面，除了教学还是教学。他教导学生，提携后进，不遗余力。他的许多学生都成长起来，有所建树。

他的研究领域以敦煌学为核心，涵盖了语言学、文学、文献学和佛学等诸多方面。其中对于敦煌俗文学的研究享誉国内外学坛。其主要著作有《敦煌文学丛考》《敦煌变文选注》等。

庞石帚的最大学术成就便是他于1963年开始撰写的《养晴室笔记》，共3卷，后由四川文艺出版社出版，并参加了香港书展，这本书文辞优美，发人深省，引起国外读者和学术界的交口称赞。他的诗词，箧笥中存稿累积，由他的学生整理编辑为《养晴室诗录》和《养晴室词录》。

他的学生中亦有出类拔萃的人物，如四川大学中文系的带头人杨明照先生，主讲"文献学"。另一个便是主讲"敦煌文献校读"的项楚先生。这两位都是名家名师庞石帚的传人，或为名门之秀，"蜀学"学派未断，典型依然。

从时间上算起来，他写《养晴室笔记》时是 1963 年，到他去世的 1964 年 12 月不过短短的一年多光景，他因肺原性心脏病辞世，这一天他还不到 70 岁，正是一个学人最好的研究时光和取得更多成就的日子。在这里录下他 1956 年经武汉到北京去参加中国文学史讨论会写下的一首诗《抵京》作为他一生的注解，这首诗写下了他 1934 年旅行到老北京城和 22 年后再次前往新北京时的不同感受。

　　　　铜驼荆棘痛骚除，阊阖晴开气象殊。

　　　　我与刘郎心事别，玄都今日胜仙都。

外篇

赵门三杰之向楚

　　向楚（1877—1961 年），字先乔，一作仙樵，号觙公，重庆巴县（今重庆巴南区）人。1901 年，泸州创设川南经纬学堂，聘向楚为教习。向楚于 1902 年中举，1903 年任两广总督岑春煊督署教读，兼两广师范学堂教习。1904 年辞聘，后在重庆开智学堂、正蒙公塾任教。1906 年加入同盟会，并应永宁中学聘任国文教习。1907 年赴北京，授内阁中书，次年秋返渝任重庆府中学堂及师范学堂教习。1911 年 11 月 22 日，重庆成立蜀军政府，向楚任秘书长。1913 年 9 月，重庆讨袁军败，向楚亡命上海。1915 年加入中华革命党，参与杨庶堪与陈其美等策动的"肇和"兵舰起义。1916 年任南京高等师范学校国文部教授，讲授文字声韵学。1917 年任广东护法军政府大元帅府秘书。1918 年孙中山任命向楚为四川省政务厅长，始返川，向楚共任政务厅长 6 年，其后历教国立南京高等师范学校、成都高等师范学校、成都大学、成都师范大学、四川大学多年。民国十六年（1927 年）冬，任四川省政府委员兼教育厅长，岁余解职，仍回四川大学任文学院院长。1949 年被推为国立四川大学代理校长。中华人民共和国成立后历任四川大学教授、川西文教厅文物委员会委员、四川省文史馆副馆长。晚年总纂《巴县志》，有音韵学、文字学著述多种及《空石居诗存》1 卷传世。这就是向楚一生的简历。

有这样经历的向先生拒绝被列入五老七贤中的七贤，他自称是新派，而并非遗老，这种说法并非臆测，而是有根据的。尽管向楚一生的经历与五老七贤中任何一位的经历相比都不逊色，但他并不喜欢位列其中。

从向楚的简历亦可以看出一个显著的特征：他总是在政界、文学界、教育界穿梭，担任过无数职务。他生活在一个动荡的年代，经历过大起大落，并且，永远都不空闲。

向楚出生于1877年7月，父亲向万钟是巴县商人，因热心地方救济事业，在乡里素有名望，故而向楚家境殷实。同五老七贤中其他人一样，少年向楚读书勤勉，19岁时以优异成绩考入县学东川书院。在这里他遇到了一代大师赵熙，改变了他的人生轨迹。赵熙是四川近代史上举足轻重的人物，他不仅自身修养甚高，还提携培养了一大批具有巨大影响力的人物，也包括本文提到的赵门三杰周善培和江庸及向楚。当时赵熙在重庆主持书院，兼任东川书院山长。他秉承张之洞办尊经书院的宗旨，以"读书之根柢在通经"，"通经之根柢在通小学"，坚持让学生遍读群经。

向楚属于成绩优等者，能诗能文，为人敦厚聪明，跟随赵熙时间最久，关系最近，关心最多，所以最被老师赵熙喜爱。

赵熙为民国时期成都著名的五老七贤中最受尊崇者，向楚多年后亦成为五老七贤中一员，这就是名师出高徒的应验，从中也可以看出赵熙的眼力。赵熙所选择的另两位学生周善培和江庸与向楚一同被称为"赵门三杰"。其中的周善培在成都实行新政，开风气之先，在成都担任警察局总办和劝业道总办时实行改良措施，禁娼、办厂、办劝业场和实行川剧改革，最终成为成都近代史上有影响的人物之一，并被归于五老七贤中。

五老七贤中的书法家很多，几乎个个都写得一手好字，毕竟都是少年功，从小习字，功力深厚。赵熙的书法杂糅碑帖，号为"赵体"，从赵熙的书法中亦可看出他的人品，所谓文如其人，书如其人。在动荡纷乱的时代，赵熙无论是写字还是做事都能卓然而异，不失大家风范。赵熙说："诗文与书，一代各有风气，惟豪杰乃能挺然风气之外。""凡天资颖者喜南书，挟胜气者喜北书。南多工而北多拙，拙近古而工近今，各有长短。相济不相非，斯杰士也。"向楚就是跟着这样的老师学习诗古文辞，手抄口诵，遍读群经，不仅学写字，亦学做人，不断成长，特别是在书法上多用心力，加上数十年学养积累，功夫在书法之外，最终也成为一代书法家。

1899 年秋天，向楚随赵熙赴北京，赵熙以翰林院编修在京供职，向楚也随恩师到北京受学。真是老师走到哪里向楚就跟到哪里。1901 年泸州创办经纬学堂，倡办新学，延聘赵熙为监督（校长），向楚也随同前往担任教习。在他们教出的学生中不乏成功人士，如吴玉章等。

正值乱世之秋，社会处于大变动大起落的时代，从戊戌六君子被诛到八国联军入北京，清廷与德、美、英等 11 国签订卖国的辛丑条约，黑暗的政局和动荡的年代深深地触动着年轻的学子。1902 年向楚乡试中举，大家都来道喜，向楚却漠然，"国将不国，一举人何足为荣"！这足以表达他痛楚的心情。

在这种心情下向楚于 1906 年加入了同盟会。他加入同盟会是受他的好友加同乡杨庶堪的引导，这个杨庶堪不仅是孙中山的忠实追随者，还是首批同盟会员，并且还是重庆同盟会支部的负责人。正是这个人对向楚起到了巨大的影响力，他们同时在永宁中学任教，一个教英文，一个教国文，加上素来交好，所以杨庶堪的劝说起到很大作用。

向楚当时对民主革命的认识还处在启蒙阶段，经过杨庶堪的开导他这才明白科举是封建社会落后腐败的东西，对于救国救民毫无益处。春秋大义，首重华夷之辨，应当推翻清朝统治，光复大汉河山。

清廷政治腐败，丧权辱国，民不聊生，必须实行政治改革，方能富国强兵。向楚顾虑加入同盟会以后要担风险，情绪颇感不安。何况老师赵熙也讥讽他"趋时"，对向楚的认识颇有微词。但向楚认为杨庶堪尚不怕，我又何所畏惧。革命意识增长起来的向楚力争"趋时"，遂置困难牺牲于度外，勇往直前，参加了秘密活动。所以说向楚在成长的每一个时期、每一个阶段都有高人的指引和开导，在重要的关头总是会出现赵熙或杨庶堪之类的引路人。

1906 年，同盟会的重庆支部设在重庆府中学堂，杨庶堪全面负责，张培爵负责运输武器，向楚和陶闿负责宣传。向楚在所任的工作中几乎都是负责文字方面的事宜，在蜀军政府成立时他任秘书院院长，凡是有关军政府的重要文件大多出自他的手笔或亲自核稿。事前的活动与酝酿，布置和措施，以及后来发生的夏之时率军起义，鄂军反正，端方授首，滇黔军入川，军政府西征北伐，吴玉章回川主持开会戡定反侧，熊克武组蜀军回驻重庆，成渝两军政府合并与重庆镇抚府的成立等等，向楚参与的所有事件都是如此。向楚的前半生是一个文人像一名战士一般在战斗，直到后半生才回归到一个文人的角色从事教育事业。

重庆府中学当时就是四川同盟会组织武装起义的指挥部，他们积极配合广州起义进行秘密活动，广州起义失败后，重庆府中学的同盟会员仍在秘密制造炸弹，俟有机会便起事。这时便发生了夏之时龙泉驿起义和率队到重庆会师的事件。

夏之时，合江人，日本东斌学校步兵科毕业，为同盟会党人。他回川后被清吏所疑忌，得不到重用，仅在陆军十七镇当一个小小的排长，驻扎成都。不久，各路同志军围攻成都，1911 年 9 月初因为军情紧急又起用夏，派他率步兵一队到龙泉驻防。夏鼓动士兵，一面串联驻龙泉驿的新军宣布革命，众皆附和，约 230 人于附近土地庙内誓师起义，杀东路卫戍司令魏楚潘。众推夏之时为革命军总指挥，即夜率兵东下。到了施家坝，地方来问行军意向，夏之时集合众人宣布说"我有中华革命军总指挥印"，并发布安民告示。经过一路行进，到达乐至，抵安岳，至潼南，夏之时引军兼程抵达浮图关，与朱之洪晤面，标志着夏军与重庆党人已胜利会师，里应外合之势已成，独立时机便告成熟。

1911 年 10 月 10 日，辛亥革命爆发，武昌起义成功，各地先后响应，重庆同盟会党人亦积极加紧筹划，组织了敢死队，秘密召集青年 200 多人，必要时好冲锋陷阵。特购了大寿山石两方，密刻了"蜀军都督"及"蜀军总司令"印。

夏之时兵临重庆，官吏都惊惶不安，宣布全城戒严。重庆府中学的同盟会党人都在为革命效力奔走。但大家最担心的是巡防军中的开花炮，这是当时火力最猛的重型武器，如果用开花炮打起来，不但要炸毁很多房屋，而且会死伤很多居民。同盟会对这件事做了许多工作，查明巡防军管开花炮的是一个姓肖的管带，于是说通了这个管带的儿子把开花炮的炮栓偷出，这样一来开花炮也就打不响了。

1911 年 11 月 22 日，同盟会召集各界开会，大会由张培爵主持，宣布重庆独立。川东道台朱有基已先逃跑，重庆知府钮传善不到，乃推向楚和朱之洪去府衙押钮传善来开会。巴县知事段荣嘉随后也到会。党人李鸿钧、夏江秋等人手持炸弹将钮传善包围，周国琛用手枪指着钮传善叫他投降。钮传善本不是善良之辈，不仅狡猾，而且善于辞令，这时也慑于人民群众的威势，畏缩气阻，瞠目结舌，低头表示投降，同段荣嘉一起跪在地上，剪去辫子，交出伪印，并亲笔书写了"驱除鞑虏，恢复中华，建立民国，平均地权"的誓词，当众宣读。随即由党人挟之游街。

是日，居民门前都悬挂一白布小旗，上书"汉"字，游行队伍一到，群众夹道欢呼，人人兴奋不已，个个眉飞色舞，都在庆祝重庆光复。设立蜀军政府，张培爵任都督，夏之时为副都督，向楚任秘书院院长。一日之间，兵不血刃，大事已定。

这一天晚上筹组蜀军政府，经费急缺，向楚领命，只带武装士兵两人来到大清银行和濬川源银行进行接收。他们找到两家银行的负责人要求将重要账簿一并交出，但被要求出具一正式收据。这时蜀军政府还没有正式成立，正在开会，向楚拿不出正式收据。但他随即在皮包内取出一张印有自己名字"向楚"的大红名片作为收据，将两家银行重要的簿据几十本全部带走。这个时候军政府的会还在开，向楚把张培爵约出来，密向他报告，已把银行存款共计 270 万元全部接收了。张培爵大喜，有这笔现款，军政府的一切开支便可无虑了。作为一个文人，向楚在紧急关头，有胆有识，把一件重大的事件处理得如此得体，可见他果真是办大事的人。

之后改原大清银行为大汉银行，成立金库，由朱之洪主持。不久，春节到来，军政府大门贴一对联："奉新元为正朔，扬大汉之天声。"全城民众大放花灯，欢庆独立后的第一个春节。

端方是清廷派往四川去镇压保路运动的，他率领的是鄂军。鄂军中的党人早就密谋想干掉端方，但因一直没有得到适合的机会而放弃。军政府成立后，田智亮请求赴资州干掉端方，张培爵拨给田 300 士兵、炸弹 80 枚、现款 5000 元，田智亮星夜兼程前往资州。离资州还有 60 里时，他们遇上了鄂军中的党人，田智亮告诉鄂军党人重庆已经独立，党人们已获知了消息并已经做好杀掉端方的准备，劝田智亮暂时缓去资州。

这天夜里鄂军中的党人密议认为不杀端方不足以取信四川人。大家画押，剪去辫子，毁掉肩章，袖子上扎上白布，以表明反正的决心，决定杀掉端方后回鄂。鄂军协统邓承绂、标统曾广大害怕给自己带来祸事，夜里逃出城去。

端方午夜闻变，与他的弟弟端锦相拥痛哭，清廷派这样的人统军作战焉有不败之理。到了紧要关头不仅不知预警，不做出预判采取应对措施，只敢相拥而泣，这算是什么统帅。

兄弟俩被起义士兵捆起来到天上官行辕，端方哭哭啼啼，说他本是汉人，原姓陶，投清成为旗人只四代。他以前在湖南湖北带兵，后来在两江，在直隶，对待士兵素来不薄。进入四川之后，对士兵更是优待。请求免他一死。士兵们回答说这是私人交情，今天的事变是国仇，不能因为私人之恩而误了国仇。

有荆州人卢保清军士，素来骁勇强健，挥刀刺中端方，割下他的首级。军士任永森接着砍下了端锦的头。这就是历史上有名的"端方授首"，兄弟俩的头被士兵轻易砍下。端方本是清廷派来四川剿灭保路同志会志士的，不想却是这种下场。士兵们将端方、端锦兄弟的头装在铁匣子里，浸泡上清油带往重庆，出示给都督张培爵。鄂军立下大功，得到牲酒犒劳，卢保清、任永森两人得到特加奖赏。

不久之后，重庆蜀军政府并入四川军政府，尹昌衡任都督，张培爵为副都督，向楚任秘书厅厅长，向楚在军政府中还是负责文官的角色。这年夏天，政府内发生激烈的权力争夺，张培爵被排挤出川，胡景尹篡夺了都督之位，大肆残杀革命同志。向楚出于书生之见，遇事只知道要顾全大局，忍让退避，主动放弃了关系重大的兵权，结果反令小人有可乘之机，让人钻了空子。

1913年向楚被迫离川，改名林松年，东下过梁山时暂住在门生李明远家。半夜土匪来袭，查问向楚是何人，李明远说是我家先生，被土匪误认为是账房先生，命向楚交出钱财和仓库钥匙，向楚无以应对，竟被土匪在脖子上砍了一刀，倒在血泊之中，幸亏还没有夺去他的性命，但也治疗了数月之久才痊愈。他的颈项上留下了一条3寸左右的刀痕。向楚后来逃到了上海，隐居在朋友家中闭门读书，伏案治学。

1917年，孙中山电邀杨庶堪和向楚到广东，任命杨庶堪为护法军政府大元帅府秘书长，向楚为秘书。也就是在这里向楚得到了由孙中山亲笔书写的"蔚为儒宗"4 个大字，这是对他给予的至高评价。1918 年杨庶堪被孙中山任命为四川省长，向楚任政务厅长。向楚来到了成都，在这段时间向楚在各所学校任教，并一度代理四川省教育厅长。

前面说过向楚与赵熙的师生之情如父如师，晚年赵熙隐居荣县，粗茶淡饭，除了讲学，就是写写字，但向楚并没有忘记恩师，时常与老师唱和，写道："世路饱经为客久，师门老觉负恩多。"当赵熙 81 岁寿辰时，71 岁的向楚还写诗贺寿："天为吾徒留此老，儒林文苑鲁灵光。"师生之间的感情愈老弥珍。其实向楚对自己的学生亦如赵熙对他一样珍爱，他最得意的门生就是黄稚荃。

黄稚荃（1908—1993 年），出生于四川省江安县一个典型的诗礼传家的殷实家庭，父亲是清代末年江安县的饱学之士。黄家三姊妹皆为才女，著名的红学家周汝昌中华人民共和国成立初期执教于四川大学，亲见成都黄氏"三荃"，方信古之才女是实有的。稚荃居姐妹之长，成就也最大，被人称为蜀中才女。20 世纪 30 年代，黄稚荃所画的《洛神赋》享有盛誉。此画为工笔白描，空灵飘逸，深得曹植《洛神赋》的神韵。黄稚荃时年仅 29 岁。赵熙、林山腴、谢无量等都为其题诗于画幅。黄稚荃长于诗、书、画、史，号称四绝。

就是这个向楚的高徒黄稚荃对向楚有如下评价："先生之学，既渊且博。邃於文字音韵，通彻群经。诸子中尤深于庄、老、荀三家。道藏、释典、乐律、词曲、书法、画论、无不精研。"黄稚荃认为向先生"识度洪深，外和易而内狷介"。

在早期参加革命成功后，另一个学生陶亮生说："先生执政柄，主坛坫数十年，无一瓦之覆，一陇之植，动机结果，磊落光明。"

向楚的学生成功者还有很多，在各自的行业做出杰出的贡献，可谓"春风万桃李，花满故林园"。如同向楚的学生所说的那样，向楚无论是早期在军界和政界，还是后期在学界都赢得了极高的威望和尊敬。

1931 年 11 月，国立成都师范大学、国立成都大学及公立四川大学，三水汇流，合并成立国立四川大学。王兆荣任校长，向楚以深厚的文史功底和在政界、学界的名望出任文学院院长。向楚所致力于研究的音韵学、训诂学、诗古文辞等也取得很大进展。这时又发生了另一件事情，将向楚爱护学生、临危不乱、处变不惊的非凡胆识和气魄表现无遗。

1932 年冬天，四川军阀二十四军军长刘文辉、二十八军军长邓锡侯和二十九军军长田颂尧在成都市内开战，成都的大街小巷也成为战区。皇城地处市中心，四川大学文学院仍在皇城内，这里是原国立成都高等师范大学的旧址，三校合一后并入四川大学国学院。皇城内的煤山是市内的制高点，这实际上是一处垃圾堆积场，中华人民共和国成立后煤山被搬走建成成都体育场。1932 年 11 月刘文辉和田颂尧两军争夺战就在这里发生。

皇城内枪林弹雨，人心惶惶，学生也无法开课。老百姓伤亡很大，文学院的师生也有伤亡。被围困在皇城内的师生四处寻找避难处，甚至断炊断粮。一些寝室也被洗劫一空。五老七贤呼吁停战，田冬瓜（田颂尧）和刘自乾（刘文辉）置之不理，成都街头仍然硝烟弥漫，炮火连天，林山腴的《兵祸诗》写道：

> 孟冬月十九，燎原祸遂滔。
> 中城战煤山，急尸平山坳。
> 血流波御沟，学府一片焦。
> 鳞栉数千户，犬豕当屠刀。
> 或全家糜殉，或肢体断抛。
> ……

这首诗写出了军阀欠下人民的血债，也道出了五老七贤对军阀的无奈。一些书生面对军阀的争夺更是没有说理的地方，但有一个文人却敢站出来直接给刘文辉和田颂尧打电话，要求交战双方停战半小时让学生转移避难。这个人就是向楚。两个军阀接到一个文人的停战电话只能错愕，这是他们想不到的。更令人想不到是军阀居然答应了这一要求。300多名战火中的师生在一个文人的带领下徒步穿过暂时停止射击的皇城坝转移到四川大学理学院所在的南校场避难。

这个文人在这期间安排调度，指挥若定，那个当年带着两个士兵去重庆大清银行和濬川源银行接收账簿和存款的军政府成员向楚又回来了。向楚的角色是亦军亦文，能文能武，所以能够赢得川大师生的交口称赞。

向楚做文学院院长期间，文学院继承了存古学堂的传统，素有"蜀学渊薮""国粹堡垒"之称，国学，特别是经学教育实力雄厚，成果卓著。当时文学院虽然经学系科不存，仍有大师宿儒在。

院长是学问渊博、精通训诂的向楚。教务主任是经史双绝的蒙文通。学监为宋师度。

教师有博极经史、擅长昆曲的龚道耕；一代文宗、文献学家林思进；精通经子、酷爱老庄的怪杰朱青长；擅长子学，尤精孟荀的余舒；精通小学、疏证《广韵》的赵少咸；学贯中西的李思纯；精通考据义理、才气横溢的刘咸炘；精通孟子和宋明理学的唐倜风；精通墨家学说和先秦各学的伍非百；以及其他由史学家、文学史家、辞章家组成的教师队伍，如吴芳吉、李劼人、陶亮生等。

这批硕学耆儒们的教学活动一直延续到国立四川大学时期，尽管当时西学狂飙突进，川大国学气氛仍然浓厚。

抗战时期，一批省外高校内迁，大量学人入蜀，学校之间师资互聘，有的学人甚至直接进入川大任教，这给川大带来新的气象和新的教学方法。但是重视国学的传统在川大仍然得到保留。

这之后，经史诸子无不赅贯的吴之英于 1918 年去世；旧学博通、开眼向洋的宋育仁也于 1931 年辞世；著述丰富、学凡六变的廖平也在 1932 年仙逝。

在抗战期间，就连比他们稍晚一辈的向宗鲁、祝屺怀、龚道耕等人也相继卒于 1941 年。当时向楚曾作诗吊唁龚道耕。

挟书崖壁等逃秦，又向深山哭故人。
祝、向（祝屺怀、向宗鲁）九原应慰汝，魏梁一曲更伤神。
花城酒伴多为鬼，身后书田不救贫。
今日礼堂空感旧，吾衰心事竟谁陈。

大师相继去世，他们所从事的传统国学也风随物化，渐趋瓦解。西学成分越来越重，西化也越来越浓，传统国学，特别是经学，被视为落后腐朽的东西，地盘越来越小，最终被无情地请出教育领域。民国初撤销经学系科设置，还保留有经学课程，二十世纪 30 至 40 年代，随着国学和经学教员的相继去世，旧时经学课程设置也最终解体了。

1926 年到 1936 年向楚两度被聘为《巴县志》总纂，向楚学养丰富，取舍之间又很审慎周密，终于成就了这本优秀的地方县志。五老七贤中有多人编纂过地方志，赵熙、宋育仁等都有参与，至今学者们想要研究川渝两地的历史风物，《华阳国志》和向楚的这本《巴县志》仍是不可或缺的权威读本。

1949 年冬，解放军三路迫近成都，国民党胡宗南部由陕西退到成都，四川大学校长黄季陆离校去台湾，校务无人负责，全校教授公推向楚代理校长之职。历史再次将重任交到向楚手中。向楚的学生黄稚荃记述："川大校务无人负责，于是全校教授会议公推楚代理校长，楚乃独任其难。"在这种时候，人心惶惶，有许多不可预料的事情发生，但向楚不计个人得失，敢于担当的勇气和魄力令人肃然起敬。这一年向楚已过古稀之年。当时胡宗南想驻兵川大校区，向楚多方劝阻，婉言拒绝。成都和平解放后，军管会派员接管川大，向楚率各院工作人员办理移交，大小事务多有承当，其负责的态度使人对这位70多岁的老人加倍敬重。向楚写给友人的诗中有这样的句子：

余生兵火沧桑外，老客花城锦水间。

1961年11月，向楚无疾而终，享年84岁。

周孝怀和樊孔周的"娼场厂唱"

周孝怀（1875—1958 年），浙江诸暨人，一作绍兴人，名善培。他随父宦游来川，遂定居于此。周孝怀同多数成都人一样是移民身份，却为这座城市的发展做出了不可磨灭的贡献。周孝怀是光绪二十三年（1897 年）副贡生，翌年入湘抚陈宝箴幕府，助行新政。是年戊戌政变起，他东渡日本，结识孙中山等人。归国后他历任川督鹿传霖、岑春煊幕僚。光绪二十九年（1903 年）他随岑春煊转督两广，任广东将弁学堂总办。及锡良督川，他又入川任成绵道、劝业道，擢提法使。辛亥革命后他避居沪上，后又参加"二次革命"，反袁称帝。曾授川东道尹。1901 年他奉命带 20 名学生赴日本留学，并聘回日本教习来成都开设私立东文学堂。赴日本的经历对于周孝怀十分重要，这开拓了他的眼界，为他后来开办新政埋下了伏笔。从他的履历中亦可以看出他所受到的历练。

周孝怀在 100 多年前的晚清开成都风气之先，实行了一系列的新政，将内陆群山之中一片水网地带上的成都引向现代。成都这座不沿大江不靠海的内陆城市总是能够成为中国西部繁荣发达的所在，同成都总是能够出现周孝怀和樊孔周这样锐意进取之人分不开。周孝怀在短短六七年间的任期内大刀阔斧、雷厉风行地制定了头绪繁多的改良措施，不仅在当年深刻地改变了成都，其影响一直流传至今，并在成都近代史上留下经久不息的回声。

　　周孝怀当年实行的改良措施被成都人生动地概括为四个字：娼场厂唱。周孝怀出任四川巡警道和劝业道期间首先治娼。成都当年青楼林立，流莺乱飞。俗话说少不入川，其中有一层意思指的正是成都发达的色情业。当时成都有许多扬州台基，扬州女活跃于成都的青楼别院。周孝怀的改良运动首先从改变社会风气入手。周孝怀微服私访，摸清了底细后将所有的妓院、私窝子编入监视，接受保甲良民监督。对沿街拉客的妓女集中于天涯石一地管理，大加整肃。周孝怀禁娼的同时也禁赌，他办事敢碰硬，在当年取得一些成效。周孝怀最得力的一举是将某翰林设于自家公馆的麻将赌场端了，成为成都当年的爆炸性新闻。周孝怀的想法过于天真，也缺少社会基础，更多的还是个人标榜。他大声疾呼：赌博与权力结合，将会动摇国之根基。但周孝怀的禁娼禁赌毕竟只是一时行为，只治了表，断不了根，靠个人力量的推动，自然不能长久。他离任后，一切又恢复了原样。

　　周孝怀最大的功绩是办厂和建场。禁娼禁赌只是铺垫，发展经济，繁荣商业才是目的。

　　办厂是指周孝怀在成都创建了大田坎纱厂、造纸厂、幼孩教育厂、乞丐工厂、老弱病残院等。当时成都可以说没有任何工业，完全是一个消费城市，周孝怀提倡办工厂是成都近代史最早的工业化运动，而且他在干这件事时还有一个帮手，这就是樊孔周。樊孔周在新思潮的影响下，怀着文化救国、实业致富的理想，弃学经商，与人合作在成都学道街创办了成都最早的新式书店"二酉山房"。从此之后办书店成了成都的一项传统行业，至今成都仍有许多书店，这养成了成都人爱书读书的习惯，也为成都人藏书的嗜好提供了条件。成都有许多家庭图书馆，一代又一代人的积累使成都家庭藏书丰富，成为中国藏书最富集的城市。在纸媒日渐式微的今天，成都的书店还在逆势复苏，这同当年樊孔周等人的大力提倡分不开。

　　樊孔周与周孝怀不同，他出身成都华阳，是本地人。华阳在成都是人才汇聚之地，不仅出举人也出商人。樊孔周的书店敢于销售禁书秘籍和一大批中外名著，吸引了众多读者，特别是年轻人，这对传播西学和反清意识产生了积极影响。樊孔周经商办厂先从文化产业入手，这正是成都人的特色，什么事业都与文化扯得上关系。

当时周孝怀力促各帮董与实业界名流集股开办劝业场。1908年成都商界开始响应集股修建劝业场，选址总府街与华兴街之间老盐店一带，公推樊孔周为筹备负责人。1908年7月动工，1909年4月22日竣工开场，这在成都历史上是史无前例的，开了先河。劝业场集中了餐饮、百货、服装、书画、玉器和客栈等150多家，后发展到了300多家。这里世界各国的货品应有尽有，成为成都的第一个商业中心，由此形成了成都作为中国西南最大的商贸中心城市的雏形。成都的商业辐射作用在那个时代就开始了，这种传统在古代就已形成，一直延续至今。成都是南方丝绸之路的起点，又是茶马古道的集散地，这种传统延续到近代。因为开办了劝业场，后来又修建了春熙路，使这些传统不断传承，成就了成都的商业地位。

劝业场集中了省城工商业精华，荟萃各地名优特产。场里巴黎香水、泰国纱缎、法国丝绸、英国烟草、八音钟表、金丝眼镜、五金杂件样样俱全，把成都人的眼睛都看花了，算是开了洋荤。樊孔周能量很大，又筹股集资白银3万两，创办悦来公司，自任董事长，建起了悦来电灯厂，场内家家户户都安电灯，这一招更使成都人开了眼界，算是拉近了与文明世界的距离。每天黄昏时分，前后场口就里三层外三层挤满了来看洋灯的人，成都人过去点的都是清油灯，连煤油灯都没有点过，现在已进入电灯时代。成都这座中国内陆城市终于进入了光明的世界，这同周孝怀和樊孔周的大力提倡和行动分不开，否则，光明世界在成都的到来还将大大滞后。

在周孝怀的主持下，樊孔周等人又联合成立了利民自来水公司，从南门万里桥下锦江中抽水用管道输送到各处，这更是一件新鲜事。劝业场水池建在华兴正街，场内用户还得雇人去蓄水池挑水，被嘲为"人挑自来水"。但在成都也算是开天辟地第一回。电灯和自来水是成都进入现代城市文明的标志性事件，是周孝怀和樊孔周积极倡导和创办的。

在劝业场里不仅明码实价，还一条龙服务，将购物、娱乐、休闲融为一体，场内可买、可吃、可喝、可玩、可观、可住。劝业场主街道长近百丈，南向总府街，北向华兴街，场中有东西支路，前后场口都有供顾客停马车的"舆马场"。主街道两边是一楼一底的商铺，前后有走廊，楼栏回环相通。长期以街巷为市的成都从此揭开了商业文明繁荣崭新的一页。这亦是对新的服务理念的引进，当年的这种新的商业模式的引进无异于今天的电子支付，是对旧有的商业进行的一次大变革。劝业场成为成都近代第一个物流中心，从而使成都成为西南最大的商贸重镇，是古老的历史文化名城成都走向现代的里程碑。

1910 年成都文明日进，印刷业务大有应接不暇之势，樊孔周同周孝怀一样大力办厂，在总府街昌福馆创办了成都最早的新式印刷公司——昌福印刷公司，并将其发展成全川首家设备完善，较为先进的印刷厂。成都自古以来就是出版业发达的地方，以雕版印刷著称。先进的印刷厂入驻成都，给成都的出版业带来新的气象，大量的新书和古书被印刷出来。此后几年，他还兴办了因因利制布厂和信立钱业有限公司等企业，成为四川工商业界举足轻重的人物。1911 年樊孔周还创办了成都的第一家晚报。

川剧无疑是成都本土文化的一大特色，人们总结说：川剧、蜀方言、川茶、川菜、川酒和蜀绣构成了四川文化的基础。成都作为文化之都历来就是戏剧的故乡，早在唐代就有"蜀戏冠天下"的说法。清代乾隆年间在本地车灯基础上吸收融合各地声腔，形成含有高腔、胡琴、昆腔、灯戏、弹戏 5 种声腔的，用川话演唱的川剧。其中高腔成为主要的演唱形式，帮腔引人入胜，特别是语言的幽默很有四川色彩。

川剧真正得到发展是在民国初年创办川剧团体三庆会之后。三庆会对川剧艺术作了改革，提出了注重艺人"三德"，即口德、品德、戏德的指导思想，其中著名的人物有康子林。三庆会成立于 1912 年，由康子林与杨素兰、唐广体、唐德彝等人在成都组建。他们废除旧戏班中的"包银"制度，与萧楷成一道打破主要演员不串配角的陈规陋习。

川剧中变脸、喷火、水袖独树一帜，康子林对其中的变脸进行改造创新。康子林擅演《归正楼》，剧情讲述义盗劫富济贫而遭官兵追捕，遂以变脸巧妙脱身，三异其脸面。最初演员脸罩纸壳面具，后来改为用草纸绘制脸谱，临场以火焰火或折扇掩护，层层揭去脸谱。变脸主要是抹脸和吹脸，这两种方法都需要额外的掩护，突然转身或干脆放些焰火来赢得变脸的时间。康子林觉得不便，也不够精彩，便发明了扯脸，即先用黄泥托出自己的脸型，再用有韧性的草纸糊成硬的脸壳，最后用猪尿包吹开晒干后做成脸谱。这种脸谱不容易扯烂，也不用焰火或其他道具掩护，变化神速，干净，利落，这种改变延续至今。后来孙德才在康子林的基础上继续改革，将黄泥脸壳改为绸布，制作时露出部分五官，使川剧变脸出神入化。

康子林后来又出任三庆会会长，成立研精社研究川剧艺术，又成立升平堂培养川剧接班人，这些艺术活动使他获得了人们的尊重，被川剧界尊称为"康圣人"。

外国人大多看不懂川剧，他们看的是热闹。他们把川剧当成歌剧来看，甚至把川剧叫作"Sichuan opera"（四川歌剧）。外国人最爱看的正是川剧中的吐火、变脸和滚灯之类的热闹场面。其实这些只是川剧中的雕虫小技。川剧是在古代的傩戏、汉代的"百戏"、唐代的"蜀戏"、宋元明时期的"川杂剧"的基础上发展演进而来的。

到了明末清初，全国各地的剧种随着湖广填四川的移民大潮流入四川。清朝顺治末年到康熙年间，经太子太保、四川巡抚李国英奏准，"招两湖两粤、闽黔之民实东西川，耕于野；集江左右、关内外、陕东西、山左右之民，藏于市"，这就是著名的湖广填四川。移民带来了移民文化，南北各地各种声腔的剧种也传到四川，与当地的方言俚语、民风民俗、民间杂耍、说唱艺术，甚至包括评书和龙门阵等融合为一体，演变成一种独特的声腔剧种——川剧。

三庆会倡导戏曲改良，把昆高胡弹灯等众多声腔集于一统，集各行各角于一体。1906 年，在设于成都会府北街的茶园"可园"产生了最早的川剧剧场。劝业场开办后周孝怀又提倡戏曲改良，在成都成立了戏曲改良公会。1912 年三庆会在成都华兴正街的悦来茶园组织川剧演出，演黄吉安创作的剧本，有《江油关》《柴市节》等，还有陈书舫演出的《秋江》和《柳荫记》以及康子林演的《归正楼》等。

周孝怀力促樊孔周出资募股，在华兴正街老郎庙修建悦来茶园，请高手修改、创作川剧剧本，排演新戏，包括黄吉安、冉樵子等都进行创作，最早定型的剧本《情探》便是由周孝怀的老师赵熙改编的。周孝怀是赵熙门下的"三杰"之一，"三杰"即向楚、周孝怀、江庸。当时经过改编加工后，川剧剧本达到近千种。郭沫若称这一时期的川剧是改良川戏。川剧的面貌焕然一新，到悦来茶园看戏的观众多如潮涌。优秀的川剧艺人层出不穷，川剧成了成都的文化名片，也成为令成都人陶醉的活色生香的盛宴。

戏院从 1909 年起邀请各戏班演唱，在周孝怀的主持下，首次出售女宾票，虽然是分门进出，但成都女人这才和男人一样有公开进出戏园的权利。三庆会在悦来茶园的演出吸引了众多茶客，悦来茶园成了成都川剧的大码头。劝业场内商铺、茶楼、酒肆、戏园、旅舍一应俱全，也是成都新思潮、新文化的发源地。

1917 年春，川军刘存厚部与滇军罗佩金部在成都巷战，3000 余户民舍被焚，民众 6000 余人丧生。在这紧要关头，又是愤怒的樊孔周站了出来，他联络组织了川中各界代表 568 人通电全国，将成都的形势告之国人，给军阀制造压力，并痛斥其行为。当时川军第 3 师违章抽取盐税，无端勒索商民，引发重庆商会和盐商的极力反对，这时樊孔周正好来到重庆，他便向成都总商会和军政当局申述，要求制止这一行为，并处分第 3 师师长钟体道。樊孔周虽然只是一名商人，但在大是大非面前总是敢于仗义执言，他甚至亲自撰写社论，指名点姓怒斥军阀，因而被军阀们怀恨。他在返回成都途径乐至县与简阳县交界的施家坝时，被驻防的川军第3师的一名团长张鹏舞派人枪杀。当时的场面非常惨烈，仇人对他大开杀戒，连开数枪，樊孔周身中8弹身亡。事件引发了成渝两地群情愤怒，灵柩运回成都，各界人士在金绳寺为樊孔周举行了隆重的追悼会，成都著名的报人刘师亮作挽联：

樊孔周周身是孔，刘存厚厚脸犹存。

这幅挽联应为不朽之联。

成都近代史上这样一位举足轻重的人物，却没有人能够准确地说出他的生年。

另一位成都近代史上的风云人物周孝怀因与卢作孚关系密切，倡导和督促成立了川江轮船公司，作为成都近代史上著名的新政推动者，周孝怀的这些举动可以看出他的先见之明。中华人民共和国成立后，周孝怀任民生公司董事长，著有《虚字使用法》《周易杂卜证解》《易简义》等。

严雁峰和严谷声父子的精神家园——贲园

　　贲园并非园林，而是成都人心目中的崇丽阁，与江南的天一阁相对应。今天的成都人对贲园已毫无印象，外地人就更不知。不过你若到成都送仙桥文物市场逛一圈，售卖旧书的老板向你兜售的或许正是民国时期成都著名的藏书楼贲园收藏过的老书，那些淘书的书客更是如数家珍。当年因为战乱一些藏书流落民间，却流不出这座城市，辗转被不同的人家收藏，成都的藏书家实在是太多了。贲园不仅藏书还刻书，在当时全国独树一帜。它的主人严雁峰、严谷声父子，陕西渭南人，后移居成都，是清末民初大藏书家，20世纪初在成都竹林巷修藏书楼"贲园"。严雁峰生前藏书11万卷，去世后其子（嗣子）严谷声继承先父遗志并发扬光大，到1949年，贲园藏书达到30多万卷，比其父时扩大了3倍有余。贲园的藏书在整个四川，乃至于中国都非常有名。1950年前后，严谷声先生将贲园藏书全部捐给四川省图书馆，连同他家的藏书楼贲园以及花园公馆。

　　若要追忆20世纪初到中叶成都厚重的人文历史，就要提到贲园，当年无数的文人骚客到此访问或驻足，并留下许多研究心得和珍贵手稿，贲园就是成都的文化地标。

陕西的大盐商成了成都的贲园馆主

贲园为原籍陕西渭南的严雁峰、严谷声父子于 1914 年始建，1924 年竣工。严雁峰（1855—1921 年），诗人、古典文学家、藏书家。他曾祖父、祖父、父亲三代皆封"大夫"，但他自己却无心为官。严雁峰原名严祖馨，字德舆，以岳莲作为读书时候的学名，别号贲园居士。他留下的主要著作有《贲园诗钞》《读晋书笔记》。严雁峰本身的著述留存的不多，他的主要贡献在于收藏。严家原为陕西贩盐大贾，家资丰厚，这才有财力走南闯北，并花巨资藏书。

严雁峰幼时随父母入川，定居成都。成都是一个移民城市，移民一是来自湖广，一是来自陕甘，从两个方向汇聚于此，严家正是从北方的陕地而来。由于严父在成都为官，很重视教育，家里便送他去尊经书院上学。尊经书院名声在外，由王闿运任山长，他一来便振兴蜀学，风气为之一变。他的学生后来大多成器，有绵竹杨锐（六君子之一）、井研廖季平（著名学者）、富顺宋育仁（蜀中第一报人）、名山吴之英等等。王闿运先生返回家乡时，有上千名学生和成都本地官员、学者、名流相送于东门，王先生知道严雁峰喜好藏书，拿出手书的《湘军志》稿本和《圆明园词》卷独独赠予他，后藏在他的贲园里。当年贲园落成时还请王闿运先生题写了一副对联，并由大书法家于右任先生书写。

> 天爵自尊，不官亦贵。
> 异书满室，其富莫京。

"天爵"即指天然的爵位。孟子曰："仁义忠信，乐善不倦，此天爵也。"对联指的是有高尚的道德修养，因而受人尊敬，胜于爵位。读懂了这副对联即读懂了严氏的精神操守，读懂了他建立贲园的宗旨。几代为官经商之家，改传承为藏书，这是要有智慧和勇气的。

严雁峰年轻时就闻听成都尊经书院大名，便去报考。当时，尊经书院有个规定，不招收外省籍学生，但是所有的规定都为严雁峰破例，因为尊经书院的山长王闿运很会识人。后来成为四川名人的许多优秀青年都被王闿运慧眼独识，严雁峰投考尊经书院时已藏书 5 万卷，王闿运自然赏识，将他收入书院。

在尊经书院求学生涯中，5 万卷藏书对严雁峰精研细读学问起了很大作用。读万卷书，行万里路，与严雁峰同学的又都是些高人，在这种氛围中学习成绩莫不精进。

《严雁峰先生行状》的作者叫张森楷，当年他撰写《通史人物表》《二十四史校勘记》就常到严家借书，严先生对张先生非常敬重，还请他为藏书编目录。严雁峰从尊经书院毕业后曾回老家，"三试于乡，一举于京兆，皆不第"。读书人说是不愿做官可能是真心话，但完全不想出仕也不可能，毕竟苦读十年书，为官是光宗耀祖的最佳途径，严雁峰也不能超然物外。可惜他多次科举考试都没有考上，于是断了进取仕途的念头，一心收求异书奇本，刻印出版古人的著作，以自娱。岂知一发而不可收，玩成一代名家。倘使他当年科举考试考中了，又当了官，成都岂不少了这位大藏书家。其实成都有许多藏书家，这座城市历朝历代都有藏书的风气，但像严氏父子这种规模和研究水平的并不多，而且严家还是成都文人的精神家园，当年的著名文人莫不到此研习窥视经典，并大涨学问，获益匪浅。

"读书难，藏书尤难，藏之久不散则难之又难。"这是江南天一阁藏书楼开创人范钦的箴言。生意传到严雁峰这一代时盐业已不兴旺，家业殷实的严雁峰索性将生意全部变卖，一心一意做一个藏书家，他心中的楷模正是天一阁，他要在成都这座历史文化名城办一家成都的天一阁，并迅速将藏书增至 10 万卷。但是已经年老的严雁峰没有子女，他的藏书事业要传下去，只好在老家陕西族人中过继了一个儿子严谷声。严雁峰生于咸丰五年（1855 年）八月十日午时，卒于民国十年（1921 年）八月二十五日午时，享年 66 岁。

严雁峰去世后，儿子严谷声找人写父亲生平，找到了张森楷。张很讶异，他对严谷声说："成都文化名人很多，如宋育仁、廖平等等，都是你父亲的同学，怎么找我这样一个山野老人呢?"严谷声认定张先生就是父亲最好的朋友，张住在他家的时间最长，感情也最好。

严谷声把张森楷当成自己的师长，每日向他请安，向他请教，也最听张先生的话。严谷声很重感情，不图虚名，所以请张森楷来写《严雁峰先生行状》《严处士贲园书库记》。其时，宋育仁先生撰有《文学处士严君墓志铭》，廖季平先生撰有《文学处士严君家传》。宋育仁写道："严雁峰处士，富而好学，故有官阶徒学不仕，其友谥之曰处士以显其行。"

在《贲园书库落成征诗文节略》中严谷声写道："贲园书库沿来已久，其初有楼三楹，先君子颜之曰'景勋'，规模不大，其上以资登临，而其下则籍度书籍，然收藏不能多也。先是先君子移奉中书籍于四川，分寄大慈、龙藏两禅院院庑下，稍有散佚，甲寅之春乃就楼原址，稍拓其基，改筑书库，阅六月乃成，移两寺之书庋置其中，仍分经、史、子、集。"

这段文字记述了严家修建扩建书楼贲园的前后过程。为什么叫"景勋楼"，文中有一段小字注释，大概意思是说贲园今在和平街、竹林巷那个地方，旁边就是三国赵云的洗马池，隔墙还有骆文忠公（秉章）的祠堂，还有周执菴、吴达生等名人在周围，让人顿生无限景仰之情。

据陶亮生先生讲，1914 年贲园在景勋楼的旧址上重新修建，历 10 年后竣工。陶亮生先生曾描绘过当年的书库的环境："书库建在花园中，系楠木结构，高大宽敞，外甃石，通户牖，为石库状，周围种植银杏、幽篁，冬暖夏凉，清新雅洁。"

据说藏书楼的墙壁四周都有通气孔，每扇窗前有气窗，可使空气流通，温度稳定。书架、书柜全是楠木、香樟。书库内对虫蛀、水沤、霉烂、发脆、脱页、断线等均有良好的预防设施，常年雇人在此翻书，防止虫蛀、水沤、湿气浸润，避免书页生霉、发脆，完好地保护了这些藏书。所以说藏书并不是把书收来束之高阁便完事，还要下大力气加以保护和研习，从某种意义上说护书比收书花的代价更大。

严谷声（1899—1976年），原名式海，又名谷孙，藏书家、古籍版本学家、目录学家、金石书画鉴赏家。严谷声来到成都时年龄已大，早已过了读书年龄，父亲去世后他已20岁，但他非常勤勉。严雁峰在选择继承者时慧眼识珠，严谷声死死地守住了这一份家业，并发扬光大。

在贲园日复一日的岁月中，严谷声一心只在书堆，仔细研读，在张森楷先生的耳提面命之下，逐渐成长起来。经年累月的浸染和研究使他对古籍目录、版本、古代典章制度、风土人情、名人掌故、书画真伪等都有研习心得。中国历史上不乏自学成才之人，书本就是他们最好的老师，经年的刻苦研读，使严谷声成了大家。他选择张森楷先生为师也是颇有眼光之举，张对他有很多指点，而且十分用心。当他在1935年和张大千相识于北京时，大千先生对他的学识折服不已。这是家乡来的藏书家，丰富的藏书就藏在他的胸中。张大千对严谷声大有相见恨晚之感。

严谷声一生不断收藏旧籍，30年间藏品大增，由原来的11万卷增至30多万卷，其中包括宋版孤本《淮南子》，宋版《淳化阁双钩字帖》，全国地方志约有2000余种，有宋、元、明、清各代出版和手抄本，多为世间所罕见。如顾炎武先生《肇城志》手抄本最为名贵。严谷声不仅收藏，还整理出版了各种古籍百余种，500多卷，雕版3万多片。当时，许多著名文人学者都到贲园读书、交流，贲园成为当年成都的文化聚落和沙龙。如傅增湘、张大千、陈寅恪、马季明、朱少滨、林山腴、宋育仁、廖季平、顾颉刚、蒙文通、庞石帚、任二北、谢无量、于右任、沈尹默、谢稚柳、叶浅予、孙科……这个名单可以开得很长，这些文化名流皆为贲园的座上宾。

岁月沧桑——贲园变迁

贲园地处成都和平街 16 号四川省图书馆宿舍内。贲园的外形并不特别，石库状建筑，两层的青砖小楼，黑色的大瓦屋顶既有川西建筑风格，又有陕地建筑的粗犷。大门门洞为圆形，门之上建有小阳台。这是一处书库，所以设计时讲究的是实用坚固，没有公馆建筑的铺张，非常简练。这与严府的府宅建筑颇为不同。贲园至今已经历了百年的风雨，饱含岁月沧桑，见证了成都这座历史文化名城的变迁成长。它的正对面是四川省图书馆的宿舍楼。这些建筑建于贫穷年代，并无建筑风格可言，钢筋水泥对青砖墨瓦，一今一古，强烈的对比让人仿佛有跨越时代之感。

当年位于骆公祠（今和平街）的严府建有三进的府宅，有三个大花园，毕竟这是一户盐商人家，府第建得讲究。建筑古雅敞阔，现已变得拥挤。园内花木扶疏，翠绿的修竹环绕在宅院的四周，现也不存。贲园的书库即是建筑在当年严家景勋楼的旧址之上，而今环顾四周，花园已废，幽篁无处寻觅，清新雅洁已名不符实，代之以单调乏味的宿舍楼，铁制的晾衣架，破败的自行车棚。这与昔日的翰墨书香反差太大。其实像贲园这样的建筑，几经风雨没有被彻底破坏而残存于今已算幸事。成都历史上无数的文化地标都消失了，无数的有识之士一再呼吁终于留下了一些文化盆景，贲园算是一处，但早已奄奄一息。

自近代以来四川战乱不断，严氏父子藏书经历了多少磨难无人知晓。上面有文字记载，20 世纪初严雁峰曾经将全部藏书装入棕木箱子分藏于大慈寺和龙藏寺，时间长达 10 余年。军阀们盘算着严家的财产。这是因为当年书库还没有建成，各种藏书只能分散存于各处。棕木箱子中所存何物早已被人窥破，所以各色人等起了歹意。

1931 年，成都城防司令官以保护严谷声、保护藏书为名，将严谷声软禁，关押在岳府街市政厅达半年时间，最后敲诈了两万银圆才将其放出。孤本、善本早已名声在外，被人飞快地换算成价值多少，军阀们认为严家连盐商都不做了改藏书，肯定是利润太大，所以千方百计要敲一竹杠。

严谷声虽然朋友众多，却多是些文化人，没有大权，无法同权贵抗衡，也就保护不了严谷声。1932 年，国民党二十八军的一个团长又故技重演，将严谷声绑架在成都灶君庙，严谷声再次遭到勒索。对于文化人来说这些书是精神财富，对于贪婪之人来说收藏是可以换算成金银的财宝，所以他们盯上了严家。军阀流氓前后 3 次绑架关押严谷声，欲得其藏书，严家皆费重金破财免灾，死死地护住藏书。

其实严谷声本性忠厚，与人交往大多与人为善。有一年，严谷声认识了一位古董鉴赏家，此人能言善辩，得到严谷声的信任，严允许他借住贲园。贲园的常住客很多，它是一处开放之地，严谷声本又好客，有许多文人雅士都在此常住研习。后来，严谷声将宋版的《淮南子》和宋版的《淳化阁双钩字帖》两本书借给其人观赏，不料此人竟是一个与军阀串通的骗子。严谷声终于识破了这人的险恶用心，设法收回了藏书。严谷声与骗子结下了梁子，被其制造假案，反诬严谷声的长子盗窃此书，以盗窃罪将之拘捕审查。

像这样的经历还有很多，但无论经历多少艰辛，执着的严谷声还是热爱这份家传的事业。在父亲一辈贲园已有珍本收藏，到了严谷声这一代孤本、善本日渐增加，已无法估价。父亲严雁峰选择了自己，严谷声便义无反顾，要为之付出毕生的心血。

凡藏书者莫不以收藏的孤本、善本为荣耀。贲园所藏的许多善本一向为世人所钦羡。《梦溪笔谈》是北宋科学家沈括的名著，民国时，世人知晓的最佳版本是宋朝的"宋乾道本"，但这个版本有缺失，明朝时，出现了内容齐备的"马元调本"，历代收藏家、学者皆苦苦寻觅而难见踪影。这本海内珍本即为贲园所收藏，共计30卷。贲园中这类藏书很多，所以藏书很有价值，许多书可谓价值连城，这才引起学者们的围观，也引起居心叵测之人的算计。

严谷声曾多次拒绝外商和国内古董商的重金利诱，如日本东京文禄堂以重金为饵，欲收购其地方志，其时贲园所藏地方志数量颇丰，有2000余种，严谷声不为所动。美国哈佛大学也曾许下50万美金，亦多次欲购其地方志，严皆毅然回绝。如是贪图钱财，严家可以继续经商，选择藏书这一事业就意味着他早已视钱财如粪土。

中华人民共和国成立后，四川省图书馆（其时为川西图书馆）接收了贲园30万卷藏书，其中蒙文通、杨啸谷、严谷声共同圈定的善本就有5万多卷。贲园所有的书籍都保护得很好，体现了藏书者的苦心和心血。正是有贲园和天一阁这类藏书大家的存在，才保存了中国历史上无数的典籍。因为这些史料的贵重，中华人民共和国成立前夕成都各方力量都在博弈。国民党方面以张群为首，包括黄季陆都试图劝说严谷声将藏书迁走；共产党方面，周恩来通过邵力子致函严谷声，对他收藏和整理古籍的事业表示敬重。何去何从？严谷声最终选择将藏书留在贲园，留在了成都，并将其转交给了国家。贲园书籍全部被四川省图书馆接收，成为一笔巨大的文史财富。宁舍重金，不弃一卷，这就是在那个艰难时代一心护书的严谷声。

与文化名流的交注

严谷声与张大千交情非同一般。当年严谷声与张大千在北京相识，即成挚友。严雁峰逝世后严谷声请张大千为其父画了一张肖像，这是张大千存世的肖像画作中少有的一张。抗战爆发后，张大千拖儿带女回到四川，当时他的家眷、弟子和仆人多达40余人，严谷声非常用心地安顿了这批人食宿。他还把小客厅给张大千作为画室，并用上好的楠木为他制作了一个巨型画案。张大千在严谷声家创作了不少画作，其间还去康定游历，画了著名的长轴《川康风情》。当年张大千西行考察，临摹敦煌壁画，归来后整理写生，加工素材大都在贲园进行。张大千的《西园雅集园》等名画即是在贲园完成的。在严谷声的资助下，张大千还在成都提督西街展出了他的敦煌画作，可见严谷声对张大千的敬重。而严谷声本人的生活却十分简朴，他可以为友人慷慨解囊，自己却不浪费分文，这就是贲园主人的为人之道。

于右任、谢无量、沈尹默、叶浅予、谢稚柳等书画名家都是贲园的常客，贲园就是成都的文化中心和文艺沙龙，吸引了无数文人骚客，他们在这里可饮可品可读。严谷声像一块磁石，把人们吸引而来，他交流甚广，具有高尚的人格魅力。

贲园最能体现成都这座名城的文化风貌。毕竟，成都不仅有杜甫的草堂，有名人云集的华西坝，还有严雁峰、严谷声父子的贲园。贲园是响当当的文化地标，这座浑身透着历史幽光的老屋不由让人想起阿根廷文学大师博尔赫斯的名言："我所梦见的天堂形象，是一座图书馆式的模样。"贲园就是成都文化人的天堂，无数的文人学者在这座天堂里创造出足以展示这座城市风貌的辉煌作品。

在与文化名流的交往中还要提到的一个人就是陈寅恪，他在流寓成都近两年的时间里也前往贲园，得以窥读贲园的珍藏。对于贲园的珍藏陈寅恪早有耳闻。成都自古有藏书之风，一代代的藏书人藏下了无数的典籍经史，可惜在明末清初张献忠剿四川时大多毁于一旦。在桂林时陈寅恪就与四川岳池藏书家陈树堂有过交往，还题诗相赠。陈树堂也是继承父志，藏书甚丰，其藏书阁名为"朴园"。陈寅恪本人也是读书人，对藏书家自然关注，到了成都千方百计想与贲园主人取得联系。想要在流寓途中欣赏珍贵的善本、孤本非常不易，也只有在成都这种城市才能遇见这种收藏和研究大家。关键是陈的朋友，华西协合大学教务长方叔轩同时也是严谷声的朋友，有方叔轩牵线搭桥遂有了成都历史上一次有趣的文化碰撞。方叔轩先给严谷声写了一封信，并一同前往贲园拜访，使两个文化大家得以相见。这种外地文人与本土文人的聚会每天都在成都发生，文人入川是汉唐时就兴起的遗风，一直流传至今。包括当时在成都的另一文人吴宓也是一到来就成为贲园的座上宾。

当年贲园就是成都文化的一个富矿，让无数文人为之向往。

吴宓1944年经贵阳、遵义来到成都，执教华西坝五大学之一的燕京大学，后又兼职于四川大学。严谷声原籍陕西，是吴宓的老乡，严谷声的藏书楼贲园乃文人雅士聚集之地，吴宓来到成都后这里就成为老陕们的聚会之所。陕西籍的各色人等，包括常燕生、严庄，以及于右任的女儿等等都爱到贲园相聚。当时，成都亦有陕西街，还有陕西会所，亦是陕西人聚集之地。吴宓本来就是一个爱交往之人，在成都如鱼得水，特别是在贲园可以闻听乡音，他乡遇故人，便有一种乡人相亲的感觉。贲园真还是大师云集，这里也是历史学家张森楷的大本营，他指导严谷声整理编撰出了30万卷藏书目录，按经、史、子、集排列。其中，经龚向农、向楚多年整理的《音韵学丛书》32种，123卷完成，由严谷声聘请刻字高手汇刻竣工。这是严氏辑刻古代典籍的又一力作。此书由章太炎作序，并得到他的大加赞赏。这套丛书曾经参加在德国莱比锡举行的万国博览会，受到关注。一个藏书家一生能有这一项成就就了得。严谷声一生刻书无数，使许多经典不会失传，包括《音韵学丛书》不仅保存于成都，还分别捐赠给了剑桥大学、牛津大学和莫斯科大学及列宁格勒图书馆。这项文化交流盛事由华西协合大学牵线搭桥完成，所收到的回赠图书又丰富了贲园的藏书。

五老七贤都是通达之人，他们并不是只守着国学这一块阵地。作为藏书家、古籍版本学家、金石书画鉴赏家的严谷声还精通中医，他"志在医医，而非医病"。

严谷声提到的"志在医医"是一个全新的概念，原来医学本身也有许多糟粕需要去除，作为人的医生也有许多不当行为需要克服和纠正。原来藏书也可以有如此目的和方法。在贲园 30 万卷的藏书中医书占了很大一部分，严谷声将医书辑录、镌刻为 5 种，计 34 卷，字数达百万。其中珍贵的有《金匮伤寒论》《本经逢源》。中医的深奥全都藏在这些典籍之中，保护了这些典籍就保护了中医的精髓。

那时在成都少城公园内设有国内为数不多的省立图书馆，此馆由林山腴先生奠基，但图书馆也是时开时关，曾有两年闭馆谢客。此图书馆在清末便存在，却只藏有一套《图书集成》，根本无法同私立的贲园相比较。贲园以其丰富的藏书和严谷声个人魅力吸引了众多大家云集于此，大家们著书立说并留下大量的字画手稿又反过来为贲园增色不少。张森楷撰写《二十四史校勘记》《四川省历代地理沿革表》就是在贲园完成。包括宋育仁撰修《四川省通志》《富顺县志》所据资料也是以贲园所收藏的资料作为依据。廖平到了晚年仍在研究，他甚至扎根贲园，最后把手稿都留在了贲园。难怪有那么多的国外大学和藏家不惜重金想收藏贲园所藏，这个世界上识宝之人确实不少。幸亏这些典藏后来都成为当时川西图书馆，即当今四川省图书馆的馆藏。一对陕西籍的父子严雁峰和严谷声来到天府之国的四川成都，成就了一代伟业，为成都留下了一笔宝贵的文化遗产。